Doris Fuentes

Seelentaufe

Die Weisheit der Erzengel

spirit RAINBOW Verlag

Doris Fuentes

Seelen-taufe

Die Weisheit der Erzengel

spirit RAINBOW Verlag

Impressum

Erstausgabe 2014

Coverbild: Ursina Würmli (www.ursina-wuermli.ch)

Herstellung: Druck- & Verlagshaus Mainz GmbH, Aachen

spirit RAINBOW Verlag

spirit Rainbow Verlag UG haftungsbeschränkt
Buchauslieferung & Autorenbetreuung

Süsterfeldstraße 83
52072 Aachen

E-Mail: info@srv-shop.de
www.srv-shop.de

ISBN: 978-3-940700-59-9

Inhalt

Inhalt

Anhang

Gott erschuf die Erzengel

Als der liebe Gott die Seelen durch die Ewigkeit auf Reisen schickte, überlegte er, wie er die universelle Ordnung halten könnte. Wie war es möglich, die Brücke zwischen Himmel und Erde zu schlagen und die Botschaften des Himmels an die Erde zu senden?

Der Gedanke, eine Brücke zwischen Himmel und Erde zu bauen, ließ ihn nicht mehr los. „Doch wie sende ich die Botschaften an die Erde?“ fragte er sich im Stillen. „Die Brücke ist lang und weit wie das Universum!“

In den sieben Tagen, als er die Erde erschuf, kam ihm die Erleuchtung. „Ein Regenbogen“, sagte er erfreut. „Aus dem Regenbogen sollen Lichtwesen aus dem höchsten göttlichen Licht durch die Ewigkeit gesandt werden. Jede Farbfrequenz ist ein Bote des Lichtes und jeder dieser Boten hat eine Mission. Ich nenne sie Erzengel – Archangelus,“ er lachte laut auf. „Das hört sich doch sehr fürstlich an!“

Und so geschah es: Aus jeder Farbfrequenz des Regenbogens entstanden die sieben Hauptfürsten des Himmels. Hohe spirituelle Verwalter, die Urheber der göttlichen Brücke. Ihre größte Mission war es, ihrem Schöpfer zu dienen und die Seelen über die Brücke wieder nach Hause zu bringen.

In der großen himmlischen Halle trafen sich die großen Fürsten mit ihrem Schöpfer. Die Halle leuchtete in allen Farben des Regenbogens. Majestätisch und demütig standen die sieben Erzengel vor ihrem Schöpfer.

Der liebe Gott sagte zu ihnen: „Meine lieben Erzengel, Ihr wisst, ich habe den Seelen versprochen, immer für sie zu sorgen. Diese Verbindung ist für die Seelen schwer wahrzunehmen, wenn sie auf Reisen gehen. Ihr sollt sie immer wieder daran erinnern, dass ich auf sie warte. Ihr seid die Verwalter der göttlichen Ordnung. Jeder von Euch entspricht einer Farbe und jeder von Euch trägt eine göttliche Eigenschaft. Mit dieser Eigenschaft könnt Ihr die Seelen wachrütteln, wenn sie in die Vergessenheit geraten."

„Der Regenbogen – Arcus, ist das Symbol für die Hoffnung der Menschheit. *„Ihr"* seid die Hoffnung der Menschheit", sagte Gott zu den Erzengeln. „Ich vertraue Euch meine Schöpfung an, möge sich alles im Wohle des Ganzen manifestieren."

Und so wurden die Erzengel über die ganze Ewigkeit versandt. Aus dem Regenbogen vermischten sich weitere Farben. Aus diesen neuen Farben wurden neue Erzengel erschaffen, unermüdlich im Dienst der Schöpfung.

Wenn wir Menschen einen Regenbogen sehen, erinnert sich die Seele an ihr Zuhause und an ihren Schöpfer. Wir spüren, dass etwas Mächtiges über uns wacht, welches die Farbe der Schöpfung trägt.

Die Erzengel unterstehen nicht einem Befehl oder einem Geheimnis, sondern der universellen göttlichen Ordnung. Sie halten in ihrem Licht die Weisheit des Ursprungs fest.

Vorwort

Im Kreislauf des Lebens, in dem wir uns alle befinden, gibt es eine Ordnung, eine vollkommene schöpferische Ordnung. Die ganze Wahrheit unseres Seins verbirgt sich in dieser kostbaren Ordnung.
Mit diesem uralten Wissen werden wir geboren. Wir werden mit allen notwendigen Voraussetzungen ins Leben gerufen, damit wir unsere Erfahrungen auf der Erde meistern können.

Durch die Vergessenheit verlieren wir unsere Kraft und durch die Prägung der Außenwelt sehen wir das Leben nur noch mit angstvollen Augen. Wir haben keine Möglichkeit mehr, diese innere Ordnung aufrechtzuerhalten.

Ich bin überzeugt, dass wir die Ausdrucksform Gottes in uns tragen und jeder Mensch ein tiefes Potenzial in sich trägt. Wenn wir lernen, durch unsere schmerzhaften Erfahrungen Gottes Liebe zu würdigen, werden diese Erfahrungen zu lichtvollen Erkenntnissen.

Hier und Jetzt, in diesem Leben, kann die Wahrheit zu uns sprechen. Wir empfangen sie in unserem Herzen. Bleiben wir verbunden in dieser Liebe, kann die geistliche Ebene durch uns hindurch dringen und uns Heilung schenken.

Meine Großmutter hat immer gesagt; *wenn das Leben voller Stürme ist, vergiss den Himmel nicht über Dir.*

Die Familie von meiner Mutter stammt aus Galicien. Viele kennen den berühmten Jakobsweg, der in Santiago de Compostela (Galicien) endet. In der alten Mythologie heißt es, dass der Jakobsweg der Milchstraße folgt. So gesehen widerspiegelt sich die Milchstraße auf der Erde, man nennt ihn auch den alten

Sternenweg. Man sagt, indem man den Jakobsweg geht, wird man zurückgeführt an ein uraltes Wissen – hin bis zu der Geburt des Universums.

In diesem Zusammenhang haben die Menschen seit vielen Jahrhunderten versucht, durch den Himmel Wissen zu erlangen. Man sah den Himmel immer als etwas Getrenntes von der Erde. Würden wir in uns verstehen, dass Himmel gleich Erde ist, hätten wir womöglich kein Gefühl von Getrenntsein. Wie oben so unten. Alles ist eins.

Ich wuchs mit den Geschichten meiner Großmutter auf. Geschichten über wunderbare Lichtwesen, die unter uns sind. Für das Volk meiner Großmutter war es eine Selbstverständlichkeit, über die geistlichen Welten zu berichten, als wäre es eine reale Welt hier mitten unter uns. Es gab kein Getrenntsein, alles schien lebendig zu sein.

In diesem Buch wurde ich von den Erzengeln begleitet. Einer nach dem anderen nahm mit meinem Geist Kontakt auf. Am Anfang dachte ich, sie seien *meiner* Einladung gefolgt, als ich mich der geistlichen Ebene öffnete. Später erkannte ich, dass sie *mich* eingeladen hatten ihr Wirken auf Erden zu beschreiben.

Es entstand eine kosmische Beziehung, die ich hier nicht weiter beschreiben kann. Ich öffnete mich dem Verständnis der Schöpfung. Ich wollte das Leben verstehen und mich als Figur im Kosmos wiedererkennen. Ich ließ mich beflügeln von diesem alten Wissen. Ich wusste, dem Schicksal konnten wir Menschen nicht entrinnen, doch konnten wir lernen, eine andere Sichtweise zu bekommen. Ich wusste: *Wissen bringt Heilung*. Die Engel umfingen mich liebevoll mit der göttlichen Energie und nahmen mich auf Reisen in die geistlichen Ebenen mit.

Tief geprägt von dieser Erfahrung stellte ich den Himmel nie mehr in Frage. In meinem Herzen entstand ein tiefes Urvertrauen, das alles seine Richtigkeit im Leben hat. Die Engel sind für mich zu meiner inneren Heimat geworden.

Ich schreibe seit vielen Jahren Botschaften aus der geistlichen Welt. Es sind Dialoge mit der geistlichen Ebene, welche ich auf Papier bringe. Nicht immer ist es einfach, die geistlichen Energien in eine Form von Sprache und Schrift niederzulegen. Die Lichtwesen begleiten mich und inspirieren mich das Richtige zu formulieren, damit es in unserem Geiste verstanden wird. Das neue Zeitalter schenkt den heutigen Erzengeln die Bereitschaft, die Botschaften an uns Menschen weiterzugeben. Sie umhüllen die Erde mit ihrer starken göttlichen Energie. Aus dem Ursprung entstanden, lehren sie uns die Weisheit des Himmels. Sie verbinden sich mit dem Bewusstsein von uns Menschen.

Seelentaufe soll Sie als Leser inspirieren, einen neuen Blickwinkel in Ihrem Leben zu bekommen. Tauchen Sie ein in dieses neue Bewusstsein und lassen Sie sich taufen im Namen des Himmels. Öffnen Sie sich der Weisheit der Erzengel und schenken Sie sich ein neues Leben.

Lesen Sie, was die Erzengel uns zu sagen haben. Es wird Sie erstaunen, dass das Universum kein großes Geheimnis ist und dass die Engel uns nichts vorenthalten, was unserer Entwicklung gut tun würde.

Ich wünsche Ihnen viel Freude beim Lesen. Verzweifeln Sie nicht, wenn Sie etwas nicht gerade verstehen oder umsetzen können. Sie haben alle Zeit der Welt, Sie haben eine Ewigkeit an Zeit.

Ihre
Doris Fuentes

Der Kontakt mit Erzengeln

Vorab möchte ich etwas zu den Eigenschaften der Erzengel sagen. Es sind viele Bücher über die Erzengel geschrieben worden. Viele gute und außergewöhnliche Schriftsteller haben versucht, die Energie der Engel in eine Form zu bringen, damit wir Menschen diese Form auch verstehen. Doch Worte reichen nicht aus, um diese vielfältige Energie aus den geistlichen Sphären zu dokumentieren.

Engel waren immer unter uns, in jeder Zeit und Kultur. Seit Urzeiten der Menschheitsgeschichte gibt es Berichte und Darstellungen von einer anderen Art von Wesen, die diese Welt mit uns teilen.

Viele Überlieferungen der fünf größten Weltreligionen haben die Engel vor tausenden von Jahren schon dokumentiert. Damals zeigten sich die Engel in der Energiefrequenz des jeweiligen Zeitabschnitts. Die Menschheit ist und war immer im Wandel. Unser Bewusstsein hat sich mit der Zeit verändert, somit auch die Energie der Engel.

Jeder nimmt die Energie der Engel auf seine eigene Art und Weise auf. Es ist ein persönliches Spiel eines jeden Individuums. Wie ich als Mensch auf der Erde lebe, fühle und wirke ist sehr vielfältig. Als Seele verfolge ich meinen persönlichen Lebensweg. Die lange Reise als Menschengestalt wird mich immer wieder an eine neue Tiefe meines Bewusstseins bringen.

Aus diesem Bewusstsein entspringt die Qualität meines Lebens. Erfahrungen, die auf Erden gemacht werden, führen zu Erkenntnissen. Schlussendlich tragen alle gemachten Erfahrungen dazu bei, dass wir zu dem werden, was wir heute sind.

Aus dieser Resonanz wird jeder individuell die Engelenergie in sich aufnehmen. Engel sind aus reiner göttlicher Energie. Sie zeigen sich uns als Menschengestalt, weil genau diese Form für unseren Geist am besten fassbar ist. Viele sehen die Engel in verschiedenen Farben, dies entspricht der Energiefrequenz jedes einzelnen Menschen.

Wie sie ihre Welt gestaltet, ist jeder Seele selbst überlassen. Wir leben auf Erden eine Art Theater. Die gegebenen Figuren repräsentieren unser persönliches Drehbuch, welches unseren Lebensweg beschreibt. Wie dieses Drehbuch aussieht, hat sich jede Seele selber ausgesucht. Unser Leben findet auf unserer persönlichen Lebensbühne statt. Wie wir diese Bühne gestalten, wie wir sie ausschmücken, welche Erfahrungen auf dieser Bühne gemacht werden, all dies wird von uns bestimmt. So sieht es auch mit der geistlichen Welt aus. Wie wir die geistliche Welt erleben, fühlen und lieben ist individuell. Dies ist unendlich schwer zu verstehen, eigentlich fast nicht fassbar mit unserem menschlichen Geiste.

Es ist mir ein großes Anliegen, dass die Menschen dies verstehen. Unser Leben auf Erden basiert auf den Erfahrungswerten. Das Ziel jeder Seele ist es, zurück zu der göttlichen Quelle zu finden. Dies ist wichtig für unseren Geist, unsere Seele weiß mit Bestimmtheit, dass sie nie von der göttlichen Quelle getrennt ist.

Auf Erden leben wir in der sogenannten Dualität. Das Prinzip der Dualität, Licht und Dunkelheit, Gut und Böse. Im irdischen Leben geraten wir in die Vergessenheit. Wir verlieren den göttlichen Zugang, wir vergessen unser Zuhause. Wir stecken fest in der materiellen Welt. Unsere Seele sucht sich eine Form, den menschlichen Körper, damit es die Reise auf Erden aufnehmen kann und die Erkenntnisse in die geistlichen Sphären mitnehmen kann.

Wir kommen alleine und gehen wieder alleine von dieser Erde. Wir treten die Reise als Mensch an.

Für uns Menschen kann ein Menschenleben sehr lange sein. In der Ewigkeit ist ein Menschenleben ein kleiner Funke in der jetzigen Realität. Daher ist es wichtig, das Leben nicht zu streng zu sehen, es ist wichtig, dem Leben mit einem lächelnden Herzen zu begegnen.

Und genau dies verkörpert für uns die geistliche Welt. Die Engel sind reines Licht, sie kennen die Dunkelheit nicht. Sie werden uns immer wieder in die Schwingungen des göttlichen Lichtes begleiten. Für die Engel ist alles möglich, ihr Licht kann sich weiter ausdehnen als unser menschlicher Verstand es je zulassen würde.

Engel sind Boten Gottes. Sie sind die Hüter des Paradieses. Sie sind die Verbindung von *Erde-Mensch-Gott*.

Sie alleine kennen den Weg zurück zu Gott. Die Engel kennen mit Bestimmtheit unsere Lebensaufgabe. Für die Engel ist es eine Ehre, die Menschheit in ein höheres Bewusstsein zu begleiten. Es ist das Versprechen an die göttliche Quelle, die Menschheit nie aufzugeben, ihr immer wieder Licht, Kraft und Liebe zu schenken. Für die Engel sind wir die Vollkommenheit des Himmels. Nie würden sie uns Menschen in Frage stellen, weil sie Gott nicht in Frage stellen.

Die Bindung von Engeln und Menschen gibt es seit dem Ursprung der Menschheit. Diese Bindung beruht auf Liebe, Vertrauen und unendlicher Hingabe an die göttliche Quelle.

Himmelsboten

Wie wir Menschen gehören auch die Engel zu Familien, oder auch in sogenannte Sippen. In Hunderten von Jahren haben die Engel viele verschiedene Namen erhalten. Doch nach Ansicht von zahlreichen Engelshistorikern kann man die Engel in drei Kategorien oder Sphären unterteilen. Man fängt bei den Engeln an, die Gott am nächsten sind, bis zu denen, die mit der physischen Welt in Verbindung sind.

Es gibt viele Aufzeichnungen über Engel, viele verschiedene Arten himmlischer Wesen, die die Brücke zwischen dem geistigen und dem physischen Reich bilden.

In unserer westlichen Kultur wird das Ordnungssystem, das vermutlich im 6. Jahrhundert aus überlieferten Schriften niedergelegt wurde, übernommen. Die Engel werden in drei Kategorien oder Sphären unterteilt, die jeweils drei Ordnungen umfassen.

Als Überbegriff für alle himmlischen Wesen benutzt man das Wort „Engel". Doch hauptsächlich wird der Name speziell für die Mitglieder der dritten Sphäre gebraucht, welche der physischen Welt am nächsten sind.

Engel der ersten Sphäre

Seraphim-Cherubim-Throne

Die *Seraphim* werden mit sechs Flügeln beschrieben. Sie umgeben den Thron Gottes mit lobpreisenden Gesängen. Durch ihre kraftvolle Energie steuern sie die Bewegungen des Himmels.

Die *Cherubim*, auch die Träger Gottes genannt sind die Hüter des Lichtes und der sogenannten Sternenbilder. Ihr Licht, welches in alle Ewigkeit erstrahlt, symbolisiert die Gegenwart Gottes.

Die *Throne* sind die Hüter unserer Planeten. Sie begleiten die Erde in ihrer Entwicklung und sind erstrebt durch ihr Licht das Gleichgewicht zu erhalten.

Engel der zweiten Sphäre

Gewalten-Tugenden-Mächte

Die *Gewalten* umgeben die Engel aus der dritten Sphäre. Sie dienen als göttliche Verwalter und steuern das himmlische Wirken auf allen Ebenen. Sie sind im direkten Kontakt mit Gott, doch ihre Arbeit manifestiert sich in unserer Realitätsebene.

Die *Tugenden* erstrahlen in der heutigen Zeit so hell wie nie zuvor. Sie inspirieren die Menschen in ihrer Spiritualität und weiblichen Qualitäten. Durch ihr Licht wird die neue Dimension eingeläutet.

Die *Mächte* tragen das Bewusstsein der gesamten Menschheit in sich und sind die Hüter unseres kollektiven Denkens. Zu den Mächten gehören die Engel von Geburt und Tod. Durch ihr Licht erhalten sie die Energie der göttlichen Planeten aufrecht.

Engel der dritten Sphäre

Fürstentümer-Erzengel-Engel

Die *Fürstentümer* nennt man auch die Engel des Weltfriedens. Sie sind die Hüter aller großen Gruppen, Städten, Nationen usw. Sie arbeiten für den Planeten

Erde und verbinden die göttliche Ordnung mit unserem irdischen Bewusstsein.

Erzengel könnte man auch als die königlichen Engel bezeichnen, da sie sich mit größeren Bereichen der menschlichen Belange befassen. Erzengel geben uns geistige Impulse, damit wir dem Ganzen dienen können. Sie erstrahlen in ihren besonderen Eigenschaften. Mit diesen Eigenschaften stärken sie die Menschen, um die notwendige Entwicklung der einzelnen Menschen anzuregen.

Mit diesem *Engel* sind wir am meisten vertraut. Unser persönlicher Schutzengel gehört auch dazu. Diese Engel stehen den Menschen am nächsten. Sie sind die unsichtbaren Helfer in unserem Leben. Sie umgeben uns und helfen uns in menschlichen Angelegenheiten. Sie sind überall, sie helfen wo sie nur können, wenn wir sie darum bitten.

Ich möchte hier nochmals erwähnen, wie schwierig es ist, die geistliche Welt zu kategorisieren. Es gibt Dinge, die man nicht mit menschlichen Worten beschreiben kann. Die geistliche Welt übertrifft alles, was wir mit unserem kleinen Verstand fassen können.

Unsere Seele kennt die geistliche Welt, doch unser Geist ist dem Verstand unterlegen. Dem Ganzen eine Form zu geben, sprengt unser geistliches Wissen. Wie wir die geistliche Welt aufnehmen, wie wir die Engel lieben, fühlen und hören, ist jeder Seele selbst überlassen. *Nichts ist falsch, doch alles ist richtig*. Niemand wird diese lichtvolle Welt mit Worten umschreiben können, denn es gibt keine Worte, mit denen man die göttliche Schöpfung beschreiben kann. Alles ist vollkommen, alles ist Licht. Vollkommenheit und Licht kann nicht beschrieben werden – *Gott* kann man nicht beschreiben.

Erzengel - Seelentaufe

Erzengel sind die Fürsten des Himmels und der Welten. Sie sind wie alle Engel Boten Gottes.

Die Vermittler zwischen Himmel-Mensch-Erde. Seit Anbeginn der menschlichen Schöpfung haben sie den Menschen versprochen, sie zu begleiten, zu helfen, zu schützen und sie zurück zu bringen zur göttlichen Quelle.

Menschen und Erzengel verbindet ein uraltes Band. Das Band einer tiefen Freundschaft und das Versprechen, die Seelen bis in alle Ewigkeiten auf ihrem Weg der Unsterblichkeit zu begleiten.

Die Schutzengel stehen jedem einzelnen Menschen bis in alle Ewigkeit zur Seite. Bis in alle Ewigkeit heißt, über das irdische Leben hinaus. Wächst eine Seele in ihren Erfahrungen und Erkenntnissen, wird sich auch ihr Schutzengel weiterentwickeln und mehr Licht ausbreiten.

Erzengel definieren sich durch das Kollektivverhalten der Menschheit. Sie docken an das Bewusstsein an, in welchem sich die Menschheit aufhält. Erzengel haben sich seit Urzeiten den Menschen immer wieder gezeigt. Wenn die Zeit reif war, um in die nächste Bewusstseinsstufe zu gelangen, nahmen die Erzengel aktiv im Bewusstsein der Menschen teil.

Erzengel sind hohe spirituelle Lehrer, die sich einzig und allein durch das göttliche Licht definieren. Sie kennen das Prinzip der Dualität, so wie wir Menschen es auf Erden kennen, nicht. Sie verstehen die Menschheit durch die Sprache des Herzens. Sie verspüren das Licht jeder einzelnen Seele, die ein Funken des göttlichen Lichts ist. Mit diesem Funken verbinden sich die Erzengel, es ist die einzige Resonanz, die sie verstehen. Die Resonanz von Licht und Liebe.

Indem wir uns als Mensch mit diesem göttlichen Funken verbinden, stehen wir im direkten Kontakt zu den Erzengeln. Dieser kleine Funke ist für uns die eigentliche Verbindung zu den höheren Sphären.

Die Erzengel sind in und um uns. Doch sind wir zu fest in der physischen Materie festgefahren, als dass wir sie einfach so wahrnehmen könnten. Es braucht dazu eine innere Stille und der Weg in die eigene Mitte. Durch diese Stille gelangen wir an diesen göttlichen Funken, der uns die geistliche Welt in ihrer ganzen Pracht widerspiegelt. Indem wir im Wohle für die ganze Menschheit dienen, werden sich die Erzengel eng mit uns verbünden.

Die Menschen denken immer, die Erzengel wären streng und sehr ernst. So ist es nicht, sie sind lichtvolle und freudige Lehrer des Lichts. Doch ist ihre Energie direkt, klar und sehr präzise. Es gibt in den Sprachen des Lichts nicht ein *vielleicht*, es gibt nur die absolute Wahrheit. Diese Wahrheit verkörpern die Erzengel für uns Menschen.

Erzengel sind die Hüter der göttlichen Weisheit. Sie helfen der Menschheit, das Leben zu verstehen, sie bringen den Menschen den Himmel auf Erden.

Das Buch Seelentaufe basiert auf sieben berühmten Erzengeln. Die geistlichen Botschaften sollen uns Menschen verhelfen, im neuen Zeitalter das Leben zu verstehen und es voll und ganz anzunehmen.

Erzengel Metatron	Verstehen
Erzengel Michael	Vertrauen
Erzengel Uriel	Hingabe
Erzengel Raphael	Heilung
Erzengel Haniel	Eigenliebe
Erzengel Sandolphon	Freiheit
Erzengel Gabriel	Hoffnung & Zuversicht

Es sind sieben heilige Eigenschaften, welche die Erzengel uns liebevoll lehren. Verinnerlichen wir diese Eigenschaften in unserem Herzen, entsteht ein neues Bewusstsein. Wir taufen unsere Seele im Namen des Himmels und schenken uns damit ein neues Leben.

Die Botschaften aus diesem Buch sollen uns Menschen helfen, die kosmische Liebe zu verinnerlichen und auch zu verstehen. Vieles was die Erzengel uns sagen, weiß unser Herz bereits. Indem Sie dieses Buch lesen, erkennt Ihr Herz die Verbundenheit mit dem Himmel.

Den Blick nach oben gerichtet und ein freier Geist wird diese wundervollen Botschaften aus der geistlichen Ebene innerlich wahrnehmen.

Frieden umgibt Ihr Herz, Still wird der Geist und Heilung findet in der Seele statt.

Kapitel 1

VERSTEHEN

Wenn ich etwas nicht verstehe, bin ich unsicher. Wenn ich unsicher bin, schenke ich meinen negativen Gedanken zu viel Beachtung.

Das Karussell des Lebens dreht sich ohne dass ich verstehe, wieso es sich in die eine Richtung dreht. Verstehe ich den Mechanismus des Karussells, akzeptiere ich die Richtung. Ich stelle es nicht in Frage, denn alles hat seine Richtigkeit.

So geht es mit unserem Lebensplan. Verstehen wir, was wir sind, woher wir kommen, was unser Lebensweg uns sagen möchte, erlangen wir Heilung. Verinnerlichen wir die Weisheit des Himmels in unseren Herzen, wird das Leben ein Ort der Feier.

Wir suchen kein Verständnis im Außen, sondern wir spüren tief in uns, dass alles seine Ordnung hat. Auch wenn Ängste und Unsicherheiten uns heimsuchen und wir in Vergessenheit geraten, schenkt uns die Dunkelheit ein Licht.

Die Dunkelheit soll kein Feind sein für die Seele, nur das Verlangen erwecken, nach dem Licht zu suchen. Mit jeder Erkenntnis, die unsere Seele erlangt, gelangt sie weiter in das Licht der Heimat.

Unsere schmerzhaften Erfahrungen in unserem irdischen Leben werden durch das Verständnis der Seelenwanderung geheilt. Die Dunkelheit weicht der Weisheit des Himmels aus, was bleibt ist innerer Frieden.

Unser Leben wird immer wieder geprägt werden durch Stürme, die uns auf die Knie zwingen, doch der Himmel über uns bleibt bestehend. Im Vertrauen an diesen Himmel erlangen wir die Absolution im

Leben. Wir wandern durch die Ewigkeit und gelangen zurück ins Licht.

Die Ewigkeit ist mit unserem menschlichen Geiste nicht zu fassen. Erzengel Metatron weiß, wie wichtig es ist, ein Anteil von dem zu verstehen, was wir wirklich sind und woher wir kommen. In jedem Augenblick unseres irdischen Lebens wird er uns immer wieder Einblicke in unseren Lebensplan schenken. Durch diese Hilfe auf unserer Seelenwanderung kommen wir an ein großes universelles Verständnis.

Erzengel Metatron

Metatron ist der Zwillingsbruder von Sandolphon. Er gehört zu den zwei Erzengeln, deren Name nicht wie bei allen anderen mit -el endet. Man sagt, er sei der jüngste Erzengel, weil er erst nach den anderen Erzengeln erschaffen worden ist.

Wie auch Sandolphon, war Erzengel Metatron sterblich. In seinem sterblichen Leben war er der Prophet Enoch, von dem es heißt, er sei „mit Gott gegangen". Er wurde von Gott mit der Unsterblichkeit beschenkt und wurde als Erzengel erkoren. Enoch war außerdem ein Gelehrter für himmlische Geheimnisse. Aus diesem Grund übergab Gott Metatron die ähnliche Aufgabe im Himmel. Er solle alles niederschreiben, was auf Erden geschieht und alles in der sogenannten Akasha-Chronik festhalten. Daher ist er auch der Hüter der Akasha-Chronik, was so viel bedeutet wie „Das Buch des Lebens".

In verschiedenen Schriften heißt es, dass der Name Metatron gleichbedeutend mit dem „Der, der auf dem Thron sitzt" ist. Außerdem heißt es, er sei der Fürst der sieben Schöpfungsengel, der König der Engel.

Wie ich Metatron begegne:
Metatron ist ein feuriger und leidenschaftlicher Erzengel. Er ist unermüdlich damit beschäftigt, als Vermittler zwischen Himmel und Erde zu fungieren.

Metatron berührt mich auf eine Art und Weise, dass mir immer wieder die Tränen kommen. Er ist ein strenger, liebevoller Lehrer. Kein Erzengel vermag so viel Verständnis für die Schwächen der Menschen zu haben. Er vermittelt geduldig die Weisheit des Himmels. Metatron ist sehr fordernd und zugleich motivierend in der Art zu lehren. Als Lehrer und Vermittler sind seine Lehren sehr anspruchsvoll und für uns Menschen manchmal schwer zu begreifen.

Seine Energie ist sehr stark und geradlinig. Er schenkt uns Vertrauen im Menschsein.

Die Frage nach der Ewigkeit

Fragen an Erzengel Metatron:
- Was kannst Du mir über die Ewigkeit sagen?
- Was kannst Du mir über den Sinn des Lebens sagen?
- Ist es sinnvoll, in diesem Menschsein zu verharren und diese irdischen Erfahrungen zu vollziehen?

Erzengel Metatron:
Die Ewigkeit mit dem rationellen Denken eines Menschen zu verstehen, ist sehr schwierig.

Die Ewigkeit geht weiter als der Ursprung. Alles ist in Bewegung, alles ist im Wandel. Worte finden, um es zu umschreiben, damit es der geistliche Verstand verstehen kann, ist nicht immer möglich.

Stellt Euch ein großes Licht vor, dieses Licht ist alles, was es gibt. Es gibt nichts als dieses große Licht. Die Seelen sind kleine Funken dieses großen Lichtes.

Aus dem ewigen Licht entsprungen fangen diese Seelen an, Erfahrungen zu sammeln, damit sie sich diesem Licht wieder bewusst werden.

Es ist schwierig, mit geistlichem Denken das Universum zu verstehen. Weil es nichts gibt, als dieses eine Universum, als dieses eine Licht. Die Bewegung jeder einzelnen Seele sind Manifestationen des eigentlichen universellen Bewusstseins. Es ist, als wäre das Universum ein großer Computer mit vielen detaillierten Informationen.

Die Seele macht sich auf die Wanderschaft, um so viele Erfahrungen wie möglich zu sammeln, damit sie später zurück zum Licht gehen kann. Doch der Weg zum Licht ist nicht einfach, der Weg zum Licht muss über seelische Erfahrungen zuerst wiedergefunden werden. Durch die verschiedenen Erfahrungsabschnitte in einer Seelenwanderung, werden die Seelen dem Ursprung wieder näher gebracht.

Wir Erzengel sind hier, um Euch in jeder noch so schönen und unschönen Erfahrung weiterzuhelfen. Wir werden Euch immer wieder kleine Funken des eigentlichen Weges schenken, damit Ihr Euch nicht verliert.

Auch im Jenseits sind wir immer tätig. Es gibt nicht nur die Erde als einzigen Weg, damit die Seelen ihre Reise fortsetzen können. Das Jenseits birgt viele Chancen an Erfahrungen.

Auf Erden seid Ihr gebunden an die Materie. Ihr schenkt Eurer Seele einen Körper, der lebt und atmet. Ihr lernt Schritt für Schritt die Faszination der Dualität. Diese Dualität ermöglicht es einer Seele, umgehende Erfahrungen zu machen. Die Erkenntnisse aus diesen Erfahrungen ermöglichen Euch, zum Licht zurückzufinden.

Die Seele braucht die Dunkelheit des irdischen Lebens, damit sie die Erkenntnis des Lichts wiederentdeckt.

Als Mensch wusste ich um diese Dualität, doch schwindet dieses Wissen in meinem Bewusstsein. Die Energie der Engel ist weit entfernt von der dualen Energie.

Ein Leben auf Erden ist ein Punkt in der Ewigkeit. Die Vergangenheit, Gegenwart und Zukunft wird eins. Es gibt die Vergangenheit im eigentlichen Sinn nicht.

Im Jenseits sind wir verbunden mit den Parallelwelten. Genau dies ist für Euch Menschen unendlich schwierig zu verstehen. Jede Seele, jede Familie und jede Gesellschaft manifestiert sich ihre eigene Welt.

Möchte eine Seele eine spezifische Erfahrung im Jahr 2000 erleben, wird sie sich dort reinkarnieren. Möchte sie das Jahr 3000 erfahren, wird sie sich dort wiederfinden. Möchte sie ins Jahr 500 vor Christus, wird sie auch dort Erfahrungen sammeln.

Es gibt verschiedene Erfahrungswelten. Jede Seele wählt aus ihrem freien Willen heraus, welche Erfahrung sie als nächstes machen will.

Der Tod ist nur eine Verschiebung der Seele. Sie geht in eine andere Dimension. Der Körper ist alt oder krank und wird der Mutter Erde zurückgegeben. Somit kann die Seele ihre Wanderung fortsetzen. Vielleicht wird sie sich entscheiden, sich nochmals als Mensch zu reinkarnieren, vielleicht wird sie aber auch im Jenseits ihre Erfahrung fortsetzen.

Es gibt nicht nur eine Erfahrung der Seele. Die Erde ermöglicht der Seele Erfahrungen durch einen Körper zu erkunden. Die Wahrnehmung im irdischen Dasein ist großartig. Sich dem menschlichen Körper bewusst zu sein und sich der geistlichen Welt zu öffnen, ist ein Geschenk an den Ursprung.

Dieser Kanal in die geistliche Welt ermöglicht, alles in einem Licht zu sehen. Diese Verbundenheit entfacht im ganzen universellen Bewusstsein das Licht Gottes.

Es ist nicht schwierig dies zu verstehen, wenn man sich der Macht des Herzens bewusst wird. Der eigentliche Sinn des Lebens besteht darin, genau dieses eine große Licht wiederzufinden. Der einfachste Weg dieses Licht zu finden, geht über das Herz.

Durch Euren Körper seid Ihr gestresst und abgelenkt. Doch gilt es, in diesem irdischen Leben den eigentlichen Funken Gottes wieder zu finden. Diesen einen Funken findet Ihr nur in Euch selber.

Ihr werdet leichter und heller, daher werdet Ihr Euch dem Wunder des Lebens und der Schönheit der Seele bewusst. Ihr werdet Euch Eurer Schönheit bewusst und seid somit dem Schöpfer näher als je zuvor.

Dieses Licht auf Erden zu bringen, gibt dem menschlichen Geist die Erfüllung und die Hoffnung auf dem Weg zu Gott.

Gott, die Quelle alles *Seins*, ist *Licht, Kraft und Liebe*. Nichts geht über diese große universelle Macht. Ist die Seele von diesen drei Eigenschaften erfüllt, wird sie sich erinnern, aus welchem Ursprung sie entstanden ist.

Der Sinn des Lebens ist sich zu erinnern, wer Ihr seid, welchen Aspekt der Seele Ihr in Euch tragt. Durch die menschlichen Erfahrungen kommt Ihr Schritt für Schritt dieses göttlichen Wissens näher.

Die Wahrnehmung der Seele im Körper ermöglicht Euch, dieses göttliche Wissen umzusetzen. Es gibt Euch die Sicherheit, dass alles seine göttliche Ordnung hat. Nur durch die Wahrnehmung kann die Seele die Vergessenheit Schicht für Schicht ablegen und die Ewigkeit im eigentlichen Sinne verstehen.

Es gilt, Hier und Jetzt zu leben. Es gilt, sich im Hier und Jetzt mit allen Aspekten des irdischen Lebens wahrzunehmen. Doch möchte ich Euch durch mein Licht die Angst vor dem Tod und dem Jenseits nehmen. Denn was Euch hier erwartet, ist reines Licht. Jeder Weg ist mit einem Zeichen Gottes gesegnet, wir Engel sind Boten dieser Zeichen. Wir schenken Euch Funken des göttlichen Bewusstseins, damit Ihr Menschen aus dem Schlaf erwacht und Euch erinnert, dass alles seine Richtigkeit hat. Dass jede Freude und jeder Schmerz mit der göttlichen Ordnung verbunden ist.

So wie eine schmerzliche Erfahrung kommt, geht sie wieder vorbei. Nur die Erkenntnis bleibt, die Dunkelheit wird immer wieder dem Licht weichen.

Ich, Metatron, liebe die Menschen. Ich fühle im eigentlichen geistigen Sinne mit ihnen. Doch will ich sie aufrütteln und ihnen die göttliche Weisheit einhauchen, denn es gibt nichts als diese eine Weisheit des Lichts.

Ihr alle tragt dieses Licht in Euch.

Ich, Metatron, erinnere Euch daran, wie lichtvoll und schön der Ursprung jeder Seele ist, die in Gottes Schoß entstanden ist.

Über den Sinn des Lebens könnt Ihr Menschen wunderbar philosophieren. Doch seid Euch eines gewiss, der eigentliche Sinn des Lebens ist das Leben in sich selbst.

Das Leben dreht sich nach dem vorbestimmten seelischen Drehbuch. Ihr seid die Schöpfer Eurer eigentlichen Erfahrungen, Ihr schreibt Euer Schicksal selber. Die Menschen geben dem Leben einen Sinn. Das Gelebte verkörpert die Urkraft des Lebens. Es ist die Energie, die Substanz, die dem Leben überhaupt einen Sinn gibt.

Hätten die Seelen keinen Mut, um Erfahrungen und Erkenntnisse zu sammeln, gäbe es das Leben, wie Ihr es kennt, nicht. Ein kleiner Funke des göttlichen Geistes wirkt durch jede Seele, die sich der Seelenwanderung annimmt. Ihr seid die Macher der Erde, Ihr seid die Macher Eures eigenen Lebens, somit erübrigt sich die Frage nach dem Sinn.

Doch möchte ich Euch noch etwas sagen.

Hört zu:
Zu lieben ist des Lebens Willen, der Lebenssinn überhaupt. Durch die Macht der Liebe erfährt das Leben seinen eigentlichen Sinn hier auf Erden. Der Ursprung allen Seins ist die geistliche universelle Liebe. Dies gilt es zu verstehen, zu verinnerlichen und zu leben.

Ein Menschenleben auf Erden ist eine Hoffnung, das in Vergessenheit geratene Licht zu erblicken und sich auf den Weg zu ihm zu begeben.

Als Mensch verwerft Ihr die Hände und sagt: „Wie kann ich dieses Wissen erlangen? Wie kann ich diese Erfahrung an universeller Liebe überhaupt fühlen, spüren und leben? Ich bin doch nur ein Mensch, der einigermaßen glücklich und zufrieden leben möchte!"

Ja, dies macht Euch Menschen so unvergesslich schön, diese Demut im Menschsein. Verinnerlicht folgende Punkte:

- Es spielt keine Rolle wie Ihr lebt, wie Ihr fühlt, es ist alles in göttlicher Ordnung.
- Es spielt keine Rolle wie Ihr liebt, wie bewusst Ihr liebt, wie viel Ihr liebt, es ist alles in göttlicher Ordnung.
- Es spielt keine Rolle wie groß Euer Mitgefühl ist, wie viel Ihr an Mitgefühl aufbringen könnt, es ist alles in göttlicher Ordnung.

Alles befindet sich auf dem Weg zu Gott. Es ist nicht wichtig, wie Ihr Euch auf den Weg begebt, es ist nicht wichtig, wie lange Ihr diesen Weg beschreitet, es ist nur bestimmt, dass Ihr diesen Weg geht.

Die göttliche universelle Ordnung findet jetzt und überall statt. Jede Seele ist ein Funken dieses göttlichen Lichtes, jede Seele weiß um ihr Zuhause, jede Seele ist gesegnet durch den Ursprung der Ewigkeit. Ich erinnere Euch daran, dies ist meine Botschaft an die Menschen.

Erzengel Metatron

Der Sinn des Lebens

Fragen an Erzengel Metatron

- Wie kann Eure Botschaft die Menschen erreichen?
- Kann das Geschriebene überhaupt verstanden werden?
- Was können wir tun, um den Sinn des Lebens zu verstehen?

Erzengel Metatron:

Die Worte der geistlichen Welt sind nicht immer einfach zu verstehen. Wir Engel unterliegen einer anderen Energie. Die Energie der Botschaften, die wir Euch übergeben, ist schwierig auf Papier zu bringen. So wunderschön das Werkzeug Schreiben auch ist, so vielfältig die Sprachen der Menschen sind, sie haben ihre Grenzen.

Doch alles was wir Euch sagen, ist ein Hauch der Geistlichkeit. Die Menschen werden ihr Herz öffnen und mit offenem Herzen unseren Worten horchen. Ein Gefühl des Friedens wird sie begleiten, dies ist unser Geschenk an Euch Menschen.

Menschen, welche die Bereitschaft haben, die Worte des Himmels zu hören, geben uns Engeln die Möglichkeit, die Menschen auf eine andere Art und Weise zu berühren. Viele wiedergeborene Seelen sind heute Botschafter für die Menschheit. Dies ist eine verantwortungsvolle und kostbare Gabe. Wir wissen um die Kraft der Energie, die Euch umgibt.

Ich möchte über den Sinn des Lebens reden.

Der Sinn des Lebens ist für jeden Menschen auf Erden gleichwertig. Denn jede Seele wird durch ihre Wahrnehmung und Erfahrung ein Stück Göttlichkeit wiederbekommen. Auch wenn dies im aktuellen Leben nicht immer der Fall ist, wird sich die Essenz der Seele nach dem Verlassen des Körpers voll und ganz auf dies besinnen.

Meine Aufgabe als Erzengel ist es, jede Seele dort abzuholen, wo sie auf ihrer aktuellen Bewusstseinsebene gerade steht. Im Universum sind wir alle eins, doch gebührt jeder Seele ihr individuelles Wachstum. Auch wenn die Seele nicht dort ist, wo sie sein will, wird das nach dem Tod keine Bedeutung mehr haben. Denn alles ist in göttlicher Ordnung. Die Schöpfung kennt keine Fehler, nur der Weg des individuellen Wachstums.

Das Auffassungsvermögen jener Seele gestaltet sich sehr individuell. So wird ein Mensch durch die Familie, das Umfeld in dem er aufwächst und die Gesellschaft sowie die Kultur des Landes geprägt sein.

Doch sucht Ihr Euch das alles selber aus, damit Ihr die größten Erfahrungsmöglichkeiten überhaupt machen könnt. Die Familie, in die Ihr hineingeboren werdet, ist Euer Standort des jetzigen Lebens.

Viele werden immer und immer wiedergeboren, bis sie die seelischen Aufgaben erfüllen. Die Seele ist vielseitig und grenzenlos, somit könnt Ihr alles an Erfahrungen sammeln, was Euch gebührt. Doch gilt es auch, alte Verhaltensmuster, sogenannte karmische Verstrickungen, aufzulösen. Die Seele möchte so viele Erfahrungen wie möglich machen. Sie ist erpicht, sich zu ihrem wahren *Ich* zu verwirklichen oder sich dort wiederzufinden.

Erfahrungen, die in alten Leben gesammelt worden sind, werden sortiert und ausgewertet. Was der Seele dient, wird zu mehr Licht. Was der Seele nicht dient, muss sie wieder loswerden. Dies geht nur, indem Ihr Euch wieder reinkarniert und diese Erfahrungen wieder und wieder macht. Im größeren Bewusstsein werdet Ihr dann spüren, dass Ihr diese Erfahrungen so wie sie sind, nicht mitnehmen möchtet. Daher bekommt Ihr die Möglichkeit, diese Erfahrungen zu transformieren, damit sie Eurem persönlichen Wachstum dienen.

Karma ist sehr wichtig, auch wenn Ihr Menschen die Köpfe schüttelt und sagt: „Ich möchte das alles nicht mehr", gebührt dem Karma Respekt. Gebe es diese Art von Ursache und Wirkung nicht im menschlichen Leben, wäre für Euch ein Leben nicht lebenswert. Das Ziel der Seele ist es, sich im göttlichen Licht wiederzufinden. Die Seele wird alles auf sich nehmen, um genau diesem Ziel näher zu kommen.

Darum sage ich Euch, übernehmt Verantwortung für Euer Leben, sucht keinen Schuldigen, wenn die Erfahrungen mit Schmerz verbunden sind. Fokussiert Euch nach innen und Ihr werdet den großen Plan des Lebens verstehen. Ihr werdet sehen und spüren, dass alles seine Richtigkeit hat, dass alles von Euch selbst entschieden worden ist. Dies ist ein Funken des Trosts, wenn das Leben nicht so verläuft, wie Ihr es Euch wünscht.

Doch seid gewiss, jeder Mensch hat ein Recht auf Glück und Fülle. Jeder Mensch kann glücklich sein. Wenn sich der Geist jedes Menschen auf die göttliche Quelle besinnt, wird das Leben ein Ort der Feier. Tief in Euch werdet Ihr spüren und sehen, dass alles was ist, was kommen mag, auch die Kraft Eurer persönlichen Gedanken ist.

Erfahrungen sind gegeben, doch wie Ihr Menschen diese Erfahrungen erlebt, hängt von Eurem freien Willen ab.

Die Resonanz von Gut und Schlecht erlebt Ihr hautnah, zusammen mit den Gedanken, die Ihr im jetzigen Leben fokussiert habt.

Darum haltet immer Euer Herz dem Licht zugewandt, erfüllt Eure Gedanken mit Liebe, Hoffnung und Mitgefühl, damit die Erfahrungen der Seele im Licht erleuchten können.

Die Energie von schönen und lichtvollen Gedanken bewegt die Seele in die göttliche Sphäre, wo sie mit dem göttlichen Licht eingehüllt wird.

Ich zeige Euch den Weg des Lebens, ich gebe Euch den Sinn des Lebens, ich bringe Euch zurück ins Licht.

Erzengel Metatron

Akasha-Chronik – Seelenwanderung

Fragen an Erzengel Metatron

- Was kannst Du mir über die Akasha-Chronik sagen?
- Was kannst Du mir über die Seelenwanderung hier auf Erden sagen?
- Wie wichtig sind die menschlichen Erfahrungen für eine Seele?

Erzengel Metatron:

Dies zu verstehen, ist nur mit offenem Herzen möglich.

Aus dem göttlichen Funken entstanden, möchte eine Seele sich in diesem göttlichen Funken wiederfinden.

Die Seele möchte sich neu entdecken und somit beginnt sie ihre Wanderung. Wahrscheinlich die abenteuerlichste Wanderung, die es in der Schöpfung gibt. Der Weg jeder Seele wird in der sogenannten

Akasha-Chronik festgelegt. Die Akasha-Chronik ist wie ein großer universeller Computer, in dem alles niedergeschrieben ist, was eine Seele je erlebt hat.

In jedem gelebten Leben entstehen immer wieder Ungleichgewichte, die wieder ins Gleichgewicht gebracht werden müssen. Somit wird eine Reise nie enden, wenn die Waage der Seele nicht ins Gleichgewicht gebracht worden ist. Die Seele wird sich immer wieder neue Wege suchen, um Erfahrungen zu sammeln, um die Waage auszugleichen.

Die Seelenwanderung ist ein göttlicher Segen, weil sie beinhaltet, dass die göttliche Schöpfung immer wieder ins Gleichgewicht gebracht werden muss.

Ein Mensch wird immer wieder über seine Seele Kontakt mit der Akasha-Chronik aufnehmen. Denn die Seele möchte sich vergewissern, dass alles eingehalten wird. Jeder Mensch hat seine Lebensaufgabe, die verbunden ist mit der Akasha-Chronik. Erfahrungen aus alten Leben sind dort abzurufen, damit man das Verständnis des gegenwärtigen Lebens auch bewusst annehmen kann.

Ich als Hüter der Akasha-Chronik, kann Euch immer wieder Einblicke in Eure Seelenwanderungen geben, wenn Ihr es mir erlaubt. Damit Ihr dies versteht, müsst Ihr großzügig denken und mit viel Mitgefühl handeln. Nur so könnt Ihr die niedergeschriebenen Chroniken auch verstehen.

Wenn Euch Unheil widerfährt, seid nicht traurig, alles hat seine Richtigkeit. Vielleicht braucht Ihr dieses Unheil, damit Ihr in Eurem Leben weiterkommt. Somit könnt Ihr Euer Bewusstsein schulen, verstehen und weise handeln.

Durch tiefes universelles Verständnis könnt Ihr Euer Dasein zu einem glücklichen Leben machen. Doch Erfahrungen müssen gemacht werden, Erkenntnisse müssen geschaffen werden, damit Ihr den Weg zum Licht wiederfindet.

Ihr seid nicht alleine auf dieser Seelenwanderung. Ihr seid umgeben von Licht und Liebe. Begebt Ihr Euch in die Dunkelheit, sind das Manifestationen aus Angst und Mangel an Vertrauen. Nur die Ängste können der Dunkelheit Nahrung geben. Umgebt Ihr Euch mit Licht, egal wie die Seelenwanderung auf Erden aussieht, seid Ihr innerlich frei. Frei von Ängsten und Schuldgefühlen. Weil Ihr tief in Euch die Richtigkeit des Weges und die Ordnung der Schöpfung spürt. Ihr fühlt, dass Ihr ein Teil dieser Schöpfung seid. Ihr fühlt, dass Euch im eigentlichen Sinne nichts passieren kann.

Auch wenn Ihr Schmerz erleidet, ist es nur eine vorübergehende Erfahrung, die die Seele in diesem Moment braucht, um ihr Gleichgewicht wieder herzustellen oder sich dem Weg wieder bewusst zu werden.

Somit handelt immer mit offenem Herzen. Seid Euch bewusst, dass Euch nichts wiederfahren kann, was nicht in Eurem Sinne ist. Haltet inne, wenn ein Unheil kommt. Schaut Euch die ganze Situation zwei Mal an, urteilt nicht zu voreilig, denn meistens versteckt sich hinter einer Erfahrung die wunderbarste Erkenntnis.

Wir Engel sind hier, um Euch zu helfen. Wir trösten Euch, wir beleuchten Euch den Lebensweg, wir schenken Euch Verständnis, damit Ihr das Leben auf Erden versteht.

Erlangt Ihr geistiges Wissen, gehört der irdische Schmerz der Vergangenheit an, weil Ihr tief in Euren Herzen die Weisheit der Seele versteht. Ihr fühlt tief in Euch, dass das Leben Euch nichts Böses will. Nur die Erfahrungswerte sind wichtig. Wieso ich Euch dies immer wieder sage? Weil es so unendlich wichtig ist zu verstehen, was die Seele ist, wer Gott ist. Verbindet Euch täglich mit der göttlichen Quelle, damit Ihr an die Weisheit der Schöpfung gelangt.

Geht diesen Weg der Erfahrung, lasst Euch vom Leben leiten. Die Akasha-Chronik weist keinen Fehler auf, weil sich alles früher oder später ausgleicht, alles kommt ins Gleichgewicht. Wie viele Wanderungen eine Seele braucht, ist ihr selbst überlassen. Doch werden wir Boten Gottes Euch immer unterstützen, Euch zur Seite stehen und Euch im göttlichen Sinne beraten.

Unsere Existenz basiert auf dem göttlichen Licht, wir sind eine Manifestation des Göttlichen und wir sprechen die Sprache der Liebe.

Wir verbinden Erde und Himmel, wir verbinden Geist, Körper und Seele, damit sich alles mit dem göttlichen Funken vereint.

So hört auf zu denken, dass Ihr es nicht wert seid unter der Barmherzigkeit Gottes zu leben. Die Wanderung findet im Hier und Jetzt statt bis in alle Ewigkeit.

Erzengel Metatron

Welchen Weg soll ich wählen?

Fragen an Erzengel Metatron:

- So viele Entscheidungen werden im Leben getroffen. Wie spüre ich, dass es die richtigen Entscheidungen sind?
- Wie erreiche ich mein Ziel?
- Was ist, wenn man das Leben verpasst, weil man so viele Erfahrungen machen muss und die Zeit es nicht zulässt, den wahren Lebenssinn zu finden?

Erzengel Metatron:

Wieso wollt Ihr Menschen dem Leben einen Sinn geben? Ist das Leben nicht schon Sinn genug? Ist allein der Lebenswille nicht schon Berufung genug?

Jede Seele hat ihre Aufgabe hier auf Erden. Die meisten Seelen sind immer mit denselben Aufgaben beschäftigt. Arbeiten, Familie, Ausbildung, Erziehung usw.. All dies sind Aufgaben, welche sich die Seelen aussuchen. Ihr seht nicht das eigentliche Potenzial hinter diesen Erfahrungen. Ihr seht nur die lästigen Aufgaben, welche man erledigen muss. Ihr seid immer auf der Suche nach der ultimativen Lebensaufgabe.

Es ist nicht wichtig was Ihr tut, es ist nur wichtig wie Ihr etwas tut. Es ist nicht wichtig, was Ihr in Eurem Leben für einen Status erreicht, es ist nur wichtig, in welcher Qualität Ihr Euer Leben meistert.

Es nützt Euch nichts nach vorne zu stürmen, viel Geld zu verdienen, berühmt zu werden, schön zu sein, erfolgreich zu sein, wenn die eigentlichen Erfahrungen in diesem Leben nicht gemacht worden sind.

Der Sinn der Seelenwanderung ist, diese Erfahrungen zu machen. Die Erkenntnisse in sich zu verankern, um dem Licht näher zu kommen. Doch das geht nur, wenn Ihr Euch nach innen orientiert und Schritt für Schritt durchs Leben geht. Jede Entscheidung, die Ihr trefft, muss stimmig sein für Euch. So stimmig, dass sich ein Gefühl von absoluter Ordnung und Ruhe einstellt. Wenn Ihr dieses Gefühl in Euren Herzen tragen könnt, dann ist das Leben nach den richtigen Erfahrungsprinzipien gelaufen.

Doch habt keine Angst, wenn Ihr mal Fehlentscheidungen trefft. Ihr werdet Zeichen bekommen, damit Ihr wieder aufmerksam den richtigen Weg einschlagt.

Wir Engel sehen viele verzweifelte Seelen auf Erden, wenn sie durch Schmerz und Trauer gehen. Sie sind voller Wut, frustriert, krank und depressiv. Kommt bei Euch ein Gefühl von Angst und Wut auf, dann bedeutet dies, dass in Eurem Leben etwas nicht stimmig ist.

Schaut Euch das ganze nochmals an, geht in die Ruhe und in die Stille. Tief in Euch ist die Antwort für alle Entscheidungen, welche Ihr im Leben treffen müsst.

Der Weg der Seele auf Erden ist geprägt, damit sie Ihre ganz persönliche Wahrheit leben darf. Ich als Engel der Akasha-Chronik, weiß um diese Weisheit jeder einzelnen Seele. Es ist eine Notwendigkeit für die Seele, diese Wahrheit zu leben. Bevor die Seele wiedergeboren werden kann, wird das Drehbuch für das zukünftige Leben auf Erden geschrieben. Es sind universelle Verträge, welche die Seele einhalten möchte. Die ganze Energie einer Seele ist auf diese persönliche Abmachung programmiert. Sie wird glücklich und zufrieden sein, wenn sie diesen Vertrag einhalten kann.

Doch möchten wir Engel nicht, dass Ihr Menschen verzweifelt, wenn etwas nicht gleich nach Eurem persönlichen Plan läuft. Ihr könnt immer wieder Karma abbauen, aber Ihr könnt auch wieder neues Karma aufbauen.

Und seid Euch gewiss, das Leben weiß immer was es tut. Es unterliegt alles der göttlichen Ordnung. Nichts kann passieren, was Euch als Seele schadet, denn alles wird irgendwann durch das Licht erleuchtet. Also verzweifelt nicht, wenn Ihr das Gefühl bekommt, etwas Falsches gemacht zu haben. Dieses falsche Gefühl könnt Ihr nur auf Erden, in der Dualität fühlen. Im Jenseits gibt es keine falschen Gefühle, alles hat seine Richtigkeit. Denn alles ist Licht und Liebe.

Die Frage nach der richtigen Entscheidung erübrigt sich, wenn Ihr ein Gefühl der Stimmigkeit in Euch spürt. Die einfachste Methode zu wissen, ob es die richtige Entscheidung war, ist es in Euch hinein zu horchen. Werdet still und ruhig, dadurch erhöht Ihr die Energiefrequenz in Eurem Geiste und der Kontakt zu uns Engeln wird einfacher sein. Wir werden Euch immer helfen und Euch unterstützen, wir werden Euch ein Gefühl der Richtigkeit übermitteln. Wir können Euch helfen, den Weg zu beleuchten. Egal in welchen Erfahrungen Ihr gerade steckt, wir sind immer da und schenken Euch Licht und Liebe.

Die Seele lebt im hier und jetzt, also in der menschlichen Gegenwart. Es ist wichtig, dies zu verinnerlichen. Die Menschen haben den Hang, immer wieder der Vergangenheit nachzuweinen oder der Zukunft zu trotzen. Erfahrungen der Vergangenheit sollen gesegnet werden. Alles in der Vergangenheit hat seine Richtigkeit, auch wenn Ihr sagt: „Hätte ich das gewusst, hätte ich es anders gemacht". In diesem Satz vergesst Ihr eins, Ihr habt aus diesen sogenannten falschen Entscheidungen eine große Erkenntnis erhalten. Diese Erkenntnisse kann man Euch nicht mehr nehmen, dies ermöglicht der Seele zu wachsen.

Alles ist gut so wie es ist, dies gilt es zu verinnerlichen. Nichts ist falsch, kein Weg der gegangen wird ist falsch, denn alles dient den Erkenntnissen auf dem Weg ins Licht.

Je bewusster ein Menschenleben gelebt wird, umso mehr wird es im Einklang sein. Viele Menschen leben das Leben anderer Menschen. Aus der Erziehung heraus, aus dem Elternhaus wird vieles falsch interpretiert. Es ist wichtig, die Eltern als Vorbild zu nehmen. Es ist aber genauso wichtig, sich bewusst zu sein, dass sowohl eine Mutter als auch ein Vater ihr eigenes Drehbuch für ihr Leben mitbringen.

Die Eltern geben den Kindern Geborgenheit und Liebe. Später sollen sie ihren eigenen Weg erkunden und spüren. Was einmal in den Ketten der Ahnen war, muss nicht wieder gelebt werden. Vieles gilt es zu durchbrechen, damit eine neue Ära entstehen kann. Auch ist zu bedenken, dass jede Zeit ihre Qualität birgt. In der jetzigen Zeit geht es um das geistige universelle Wissen.

Dieses Wissen soll im Leben umgesetzt werden. Die Seelen auf Erden haben lange auf diese Zeitqualität gewartet. Jetzt gilt es, neue Wege zu beschreiten und unaufhörlich die innere Wahrheit leben. Jede Entscheidung soll das Siegel der Liebe vorzeigen. Jede Entscheidung soll der Seele dienen, die Erkenntnisse im Licht umzusetzen.

Ein Menschenleben ist ein kleiner Punkt in der Ewigkeit. Wir Engel kennen keine Zeit und keinen Raum. Somit ist ein Menschenleben ein Augenzwinkern der sogenannten menschlichen Zeit.

Die Menschen gehen mit den Jahren, sie spüren, dass sie älter werden, dass die Seelenwanderung zu Ende geht und sie dies und jenes noch erledigt haben wollen. Doch verzweifelt nicht, denn Ihr habt Zeit, um alles zu erledigen, was der Seele gebührt. Die Seele wird sich die Zeit nehmen, egal in welcher Dimension sie sich befindet.

Hört zu:

- Ich wünsche den Menschen Ruhe und Stille.
- Übt Euch in Geduld, denn die Zeit gibt es nicht.
- Jede Entscheidung soll gesegnet werden, denn jede Entscheidung kommt der Seele zugute. Die Erfahrungen, ob gut oder schlecht, sind Erkenntnisse für die Seele.
- Die Seele kennt keine Zeit, sie wird ihre Seelenwanderung nicht an die menschliche Zeit binden.
- Jeder Weg, der gegangen werden soll, soll stimmig sein im Herzen.
- Übt Euch in der Meditation, damit Ihr fühlt und spürt, welchen Schritt Ihr als nächstes machen sollt.
- Vergesst nicht, das Leben macht keine Fehler.
- Jeder noch so gegangene Weg ist gesegnet durch den Schöpfer selbst.

- Kommt zur Ruhe, damit Ihr die universelle Weisheit leben könnt. Nur durch Ruhe und Innenschau kann die Weisheit in Euch erblühen.
- Ihr seid nicht alleine auf diesem Lebensweg. Wir Engel werden Euch immer in Liebe begleiten, denn dies ist unser Versprechen an den Schöpfer.

Jeder noch so kleine Funken in Eurem Leben, auf Eurem Lebensweg trägt das Zeichen der Liebe.

Erzengel Metatron

Gebet mit Erzengel Metatron

Lieber Erzengel Metatron,

schenke mir Einsicht in meinen Lebensplan. Hilf mir, meine Erfahrungen zu verstehen und sie in Erkenntnisse umzuwandeln. Schenke mir Ruhe und Stille, damit ich die Weisheit des Himmels in mir aufnehmen kann.

Ich übergebe mich in Deine lichtvolle Energie.

Amen.

Affirmation:
Ich sammle Erfahrungen auf meinem Lebensweg und erkenne die Botschaften dahinter.

Kapitel 2

VERTRAUEN

Ein gesundes Selbstvertrauen ist in der heutigen Zeit Teil des irdischen Überlebens. Vertrauen in sich selbst kann erlernt werden, oder kann von Geburt an schon in die Wiege gelegt sein.

Doch gelingt es in der Erziehung nicht immer, das Vertrauen im Leben zu festigen. Zweifel schleichen sich im Laufe unserer Seelenreise auf Erden ein. Nicht immer verläuft das Leben so wie wir es gerne hätten.

Wie können wir Menschen dem Leben vertrauen? Schmerzhafte Erfahrungen werden unser Vertrauen in Frage stellen. Denn vertrauen kann man nur, wenn man im Leben immer wieder Lichtpunkte sehen kann.

Ist die Vergangenheit durch schmerzhafte Erfahrungen gekennzeichnet, wird der Mensch es schwer haben, sich positiv auf die Zukunft zu stimmen. Zu tief sitzt die Angst, wieder dieselben Erfahrungen zu durchleben.

Leid und Unsicherheit suchen uns heim. Das Vertrauen in den Himmel ist geschwächt durch die Vergangenheit. Die Hoffnung schwindet dahin, erschöpft blicken wir zurück und bleiben mit der Energie der Vergangenheit haften.

Anstelle aufzustehen, die Vergangenheit zu segnen und nach vorne zu blicken, tendiert der Mensch dazu, nach hinten zu schauen und stehenzubleiben. Er kann nicht loslassen, denn die Erfahrungen aus der Vergangenheit sitzen tief.

Tief geprägt gehen wir unseren Lebensweg weiter, doch die Altlasten bleiben wie Schatten in unserem Herzen haften. Die Freude und Hoffnung, die wir als

Kind oder Jugendliche hatten, schwinden im Alter langsam dahin.

Jeder Mensch hat die Eigenschaft, aus eigener Kraft ein positives Leben zu führen. Das Gefühl von Vertrauen ist tief in uns drin. Wir können es nur in der eigenen Lichtquelle finden. Dieses Vertrauen schenkt uns Kraft und Mut, nach vorne zu blicken. Sie schenkt uns die Zuversicht, dass die Zukunft ohne Altlasten gelebt werden kann.

Jeder Mensch trägt tief in seinem Wesen die Eigenschaft des Urvertrauens, welches mit der göttlichen Quelle verbunden ist. Aus diesem Urvertrauen verstehen wir, was wir wirklich sind.

Erzengel Michael schenkt uns die Energie, positiv nach vorne zu blicken. Er hilft uns, die Vergangenheit zu verstehen und abzuschließen. Durch seine Kraft gibt er uns das Vertrauen des Himmels zurück. Er bestärkt uns im Glauben, dass alles seine Richtigkeit hat im Leben. Nichts kann uns widerfahren, ohne unseren freien Willen gefragt zu haben

Wir spüren, dass wir dem Leben nicht ausgesetzt sind, sondern dass unser Lebensweg einen großen göttlichen Plan verfolgt. Das Vertrauen entsteht tief im Herzen und verleiht dem jetzigen Leben Unbeschwertheit.

Erzengel Michael begleitet uns auf der Reise und verhilft uns, die Erfahrungen in Erkenntnisse umzusetzen, damit wir gestärkt unseren Weg weitergehen können.

Die Zukunft soll ohne Altlasten aufblühen, nur die Erkenntnisse soll die Seele mitnehmen.

Erzengel Michael

Michael bedeutet: „Er, der ist wie Gott“. Erzengel Michael ist wahrscheinlich der berühmteste Erzengel aller Zeiten. Viele Bücher sind über ihn geschrieben worden, man findet ihn auch in den großen Weltreligionen wieder.

Viele besagen, er sei der größte Schutzpatron aller wiedergeborenen Seelen. Er nimmt uns die Angst und schenkt uns Mut, unseren Lebensweg fortzusetzen.

Man beschreibt Michael als feurigen Krieger mit einem Schwert in der Hand. Mit seinem Schwert, so sagt man, durchtrennt er seelische Verstrickungen, welche uns nicht mehr dienen.

Außerdem klärt er unsere Aura und reinigt Räume von Fremdenergien und beschützt uns vor schlechten Energien.

Wie ich Michael begegne:
Ich begegne Michael als sanften, ruhigen und zurückhaltenden Engel. Er verkörpert für mich eine jungenhafte Form der Engel-Energie.

Er hilft mir die Vergangenheit zu bewältigen und sie liebevoll zu verabschieden. Doch bevor ich die Vergangenheit segnen kann, schenkt er mir die Erkenntnisse aus den gelebten Erfahrungen. Durch seine Energie gelange ich in eine vertrauensvolle Ruhe, die mir sagt, dass alles Gelebte seine Richtigkeit hat.

Seine liebevolle Art schützt mich und meine Liebsten vor Fremdenergien. Er umgibt meine Aura wie ein warmer Sonnenstrahl und schenkt mir dadurch ein Gefühl der Geborgenheit.

Die Bewältigung der Vergangenheit

Fragen an Erzengel Michael:

- Wie wichtig ist die Vergangenheit in einem Menschenleben?
- Wie können wir unsere Vergangenheit bewältigen?

Erzengel Michael:

Ich bin der Hüter der menschlichen Zeiten. Doch gibt es in unseren Sphären keine Zeit. Alles ist zeitlos im Geist des Universums. Durch die menschlichen Erfahrungen, durch die Dualität, durch das Menschenleben auf Erden sind die Seelen an diese kurze Zeit gebunden.

Die Seele kennt nicht nur die Vergangenheit im jetzigen Leben. Sie trägt auch noch die Erfahrungen und Erkenntnisse der Ewigkeit in sich. Sie trägt die Erkenntnisse ihrer aller Seelenwanderungen.

Erfahrungen und Erkenntnisse jetziger Leben sind kleine Abschnitte in der Seelenfrequenz. Ihr müsst lernen, alles aus einer höheren Sicht zu betrachten.

Die Menschen probieren ihre Kindheit zu verstehen. Sie rennen von einem Therapeuten zum anderen. Sie schlucken Medikamente, damit sie ihren Seelenschmerz betäuben. Doch so einfach ist es nicht. Wir Engel verurteilen die neuen menschlichen Therapieformen nicht. Es gilt diese menschliche Evolution des Geistes zu respektieren. Doch möchte ich Euch die Sicht schenken, zu verstehen, dass eine Seele niemals krank ist. Eine Seele ist immer und immer mit dem ewigen Licht verbunden, ansonsten könnte sie nicht überleben.

Die Sicht des Geistes ist verschoben. Der Geist schwebt in der Dunkelheit und die Offenbarung des Schöpfers ist in die Ferne gerückt. Dies verursacht Leid, Schmerz und Krankheiten.

Es gilt nicht nur, die Kindheit zu heilen, wenn jemand eine schlechte oder traurige Kindheit hatte. Es gilt viel mehr sich zu erinnern, welche Erfahrungen eine Seele mit sich bringt. Es gilt, diese Erfahrungen in Erkenntnisse umzusetzen.

Jeder Mensch hat die Kraft und das Werkzeug, sich selber zu heilen. Viele Themen sind mit einem alten Leben verstrickt, viele Themen möchten erkannt werden, damit die Erkenntnisse ihren Platz im Geist einnehmen können.

In der Vergangenheit zu verharren ist keine Lösung für eine erfüllte Zukunft. Es gilt, ein für allemal die Vergangenheit zu verstehen, sie zu heilen und sie als Erkenntnis zu verabschieden.

Aus der Seelenwanderung wissen wir, dass vieles in der Akasha-Chronik niedergelegt ist. Diese Chronik gilt es zu verstehen und umzuwandeln, damit die Seelenverträge eingehalten werden können.

Widerfährt Euch Schmerz, haltet inne und fokussiert diesen Schmerz als Ganzes. Der Schmerz zur gegebenen Zeit will verstanden werden. Doch geht es nur, indem Ihr still werdet, den Schmerz annehmt, ihn fühlt und versteht. Erst dann kann er sich in Liebe auflösen, erst dann seid Ihr frei von dieser schmerzhaften Erfahrung.

Ist die Zeit gekommen, werde ich von jeder Seele, die erkennt, dass die Erfahrung vollbracht ist, alte Muster und Verletzungen abtrennen. Meine Arbeit beinhaltet alles von Euch abzutrennen, was alt ist und nicht mehr zur Entfaltung der Seele von Nutzen ist.

Viele Menschen möchten sich nicht befreien von Schmerz und Trauer, sie kennen nur diese eine Energie. Hier ist zu beachten, alles was vertraut ist, ob gut oder schlecht, möchte der Mensch nicht weggeben. Die Angst sitzt tief, doch die Vertrautheit eines Gefühls gibt dem Geist ein Zuhause.

Ihr müsst nicht leiden und nicht kämpfen. Ihr müsst es nur erkennen und es im Licht verabschieden. Das göttliche Licht hat eine große Macht, alles kann unter

Gottes Schöpfung geheilt werden. Die Seele alleine entscheidet durch ihren freien Willen, wie lange eine Erfahrung dauern soll.

Auch ist es menschlich, Versprechen und Gelübde abzugeben. Man verstrickt die Seele in menschliche Versprechungen, ohne sich der Tragweite bewusst zu sein.

Hier ein Beispiel. Ist jemand unsterblich verliebt, und wird diese Liebe nicht erwidert, lebt der Mensch diesen Schmerz als Liebeskummer aus. Verspricht er sich in diesem Moment, sich nie wieder zu verlieben, nimmt die Seele dies als Antwort zu seiner Erfahrung auf und wird weiterhin mit diesem Versprechen leben. Die Resonanz sich je wieder zu verlieben ist gestört durch ein Versprechen, dass in einem anderen Lebensabschnitt gemacht worden ist.

Das Aussprechen von Gedanken wird im Universum als Manifestation wahrgenommen. Die Seele kettet sich durch diese Gedanken an vergangene Versprechen und kann sich nicht frei entfalten. So entsteht ein Karma, das aus Verzweiflung und Angst entstanden ist. Dieses Karma wird sich im gegenwärtigen Leben eine Form suchen.

Ich, Michael, kann all diese Versprechungen von Euch abtrennen. Doch unterstehe ich Eurem freien Willen und brauche die Zusage jeder Seele, damit alles abgetrennt werden kann.

Nichts ist für die Ewigkeit, alles ist vergänglich, auch der Schmerz ist vergänglich.

Haltet an nichts fest, gebt dem Leben die Chance, das Licht der Heilung willkommen zu heißen.

Ich sehe, dass die Menschen dies immer mehr verstehen. Die Umwandlung im Bewusstsein hat stattgefunden, und dies erfreut mein Sein. Denn dies ist die Arbeit meiner Energie auf Erden.

Wie ein Phönix aus der Asche kommt die Seele geläutert zurück. Alles Schlechte kann im Feuer verbrannt werden, mein Schwert durchtrennt alles Negative und Verbrauchte in Euch, damit Ihr frei seid für das Licht der Liebe.

Hört zu:
Schließt Eure Augen, fokussiert den Himmel, lasst ein innerliches Feuer in Euch entstehen. Verbrennt alle Erinnerungen, des Schmerzes, der Angst und der Trauer, füllt Eure Herzen mit Licht und Liebe.

Schreitet in Eure Zukunft, frei von allem was war und heißt die neuen Erkenntnisse willkommen.

Was war, soll in der Vergangenheit ruhen, soll in der Akasha-Chronik aufgeschrieben werden, doch soll die Gegenwart und die Zukunft nicht beinträchtigen. Wenn Ihr an der Vergangenheit festhaltet, könnt Ihr die neuen lichtvollen Erfahrungen der Gegenwart und Zukunft nicht voll wahrnehmen. Das Alte hat gedient, das Alte gehört einer anderen Zeit. Das Alte soll ruhen, denn die Erkenntnisse sind eins mit der Seele.

Jetzt ist die Zeit sich zu besinnen, welche Erkenntnisse Ihr aus Eurem Leben mitbringt.

Steht auf und nehmt das Erkannte in Euch auf. Segnet die Vergangenheit, dankt der Vergangenheit für die Erfahrungen. Spürt die Gegenwart, wie sich alles in Euch verankert und wie alles seine Richtigkeit hat. Spürt die Ordnung im schöpferischen Dasein. Spürt, wie die Fesseln der Angst Euch nicht mehr umschlingen.

Heißt die Zukunft willkommen. Wenn Ihr die Vergangenheit verstanden habt und alles erkannt habt, was zu erkennen ist, wird die Zukunft durch die Liebe der Weisheit aufleuchten.

Ich, Michael, bin der Hüter aller Zeiten und verbinde sie untereinander. Ich durchtrenne alles Verbrauchte, segne die Menschen mit meinem Schwert der Erkenntnis und geleite sie in eine erfüllte Zukunft.

Erzengel Michael

Wie erlange ich die Erkenntnis einer gelebten Erfahrung?

Fragen an Erzengel Michael:

- Wie kann ich die Erfahrungen in meinem Leben zu Erkenntnissen umwandeln?
- Wie vollende ich eine Erfahrung und verstehe die Erkenntnis dahinter?

Erzengel Michael:

Es benötigt sehr viel Vertrauen und Liebe in das Leben selbst. Es erfordert auch immer wieder Innenschau und die Stille des Geistes.

Wir Engel sind verbunden mit einer Energiefrequenz, welche die Menschen fühlen und spüren können. Durch unsere Energie ist es uns möglich, die Menschen mit Weisheit und Wissen zu erfüllen.

Die Essenz der Erfahrung zu verstehen bedeutet, dass die Menschen sich wieder an ihren Ursprung erinnern. Auch wenn es nur ein Hauch von Verständnis ist, ermöglicht es Euch, zurück zur Quelle zu finden. Die Quelle der Weisheit ist in jedem von Euch, verbunden mit dem höheren Selbst. Im Vertrauen zum Schöpfer erkennt Ihr den Weg, welchen Ihr beschreitet.

Setzt Euch ruhig hin und bittet um Erkenntnis. Richtet die Herzen zum Schöpfer und das Licht der Weisheit wird Euch umhüllen. Dieses Licht ist alles was die Seele braucht, um in Frieden den Weg der Zukunft zu beschreiten und die Vergangenheit ruhen zu lassen.

Viele Erkenntnisse sind schon in Euch, doch durch die Ängste und Verluste sinkt die Energie des Vertrauens. Die Angst hüllt Euch in Dunkelheit ein, Ihr werdet wütend auf das Leben, weil nichts so läuft wie Ihr es gerne hättet. Das Leben und die Seelenwanderung zu verstehen, kann nur durch die Achtsamkeit des Geistes gelingen. Durch die Schulung des Geistes kommt Ihr an die Erkenntnisse.

Das Leben ist kein Kampf, sondern ein lichtvoller Weg der Erfahrung.

Hebt die Arme gen Himmel und gebt Euch dem Leben hin. Lebt jeden Tag in göttlichem Vertrauen. Alles was Euch widerfährt ist eine Manifestation der Seele selbst.

Reinigt Eure Gedanken von schlechten Energien. Schreitet im Licht voran, damit Ihr die Fülle des Lichtes tief in Euch spürt. Durch diese Ruhe und meditative Haltung erlangt Ihr großes Wissen über das Leben selbst. Die Erkenntnisse im jetzigen Leben werden durch dieses Licht erkannt. Ihr bewegt Euch nicht mehr im Dunkeln und in der Vergessenheit.

Die Erfahrungen, die Ihr lebt, sollen Euch nicht vom Weg abbringen. Dies gilt es zu verstehen. Der Weg des Lichts soll im Vertrauen und in der Liebe zurückgelegt werden. Durch diese Hingabe an das Leben, erlangt Ihr die Quelle der Weisheit.

Ich sehe in den Menschen, dass es für sie im Alltag nicht immer möglich ist, diese Haltung einzunehmen. An manchen Tagen geht es gut, aber an manchen Tagen seid Ihr weit entfernt von Eurer innerlichen göttlichen Mitte.

Kein Meister ist vom Himmel gefallen. Was ich Euch hier sage, ist eine große Meisterschaft im Menschenleben selbst. Doch seid gewiss, jeder von Euch kann diese Meisterschaft in Achtsamkeit erlernen.

Das heutige Leben bietet sehr viel Unterhaltung, der Lärmpegel ist auf der Erde sehr hoch geworden. Die moderne Elektronik bietet den Menschen eine Vereinfachung im Alltag. Durch diese Vereinfachung im Alltag, ist der Geist unterfordert und vernachlässig. Der Geist will geschult werden.

Eine meditative Haltung im Alltag ist unausweichlich. Die Hektik auf der Erde bringt Euch Menschen dazu, Euch noch weiter von der eigentlichen schöpferischen Quelle zu entfernen.

Es gilt auch hier, sich jeden Tag zu erden und den Geist zu schulen. Nun fragen sich die Menschen: „Wie kann ich meinen Geist schulen? Wir leben ja nicht wie Mönche in einem Kloster, wo wir den ganzen Tag beten und meditieren. Wir sind umgeben vom Alltag mit Beruf, Familie, Erziehung usw..“

Hört zu:
Empfangt jeden Tag mit einem Lächeln, erfreut Euch jeden Tag auf Erden. Haltet Ausschau nach einem Wunder im Alltag. Denn der Alltag ist voller Wunder. Wir Engel umgeben Euch immer und ewig mit unserer Energie.

Haltet jeden Tag ein paar Minuten inne, fokussiert das innerliche Licht und lasst es durch Euren ganzen Körper ausbreiten. Visualisiert dieses Licht mit Kraft und Liebe, haltet diese Energie immer wieder fest. Bittet uns Engel um Hilfe. Wir helfen, wo wir nur können, doch brauchen wir Euren Auftrag zur Erfüllung. Wir helfen Euch in jeder Situation im Leben, nichts ist uns zu schade. Ein Lächeln von Euch Menschen schenkt uns Freude. Euch glücklich und zufrieden zu sehen auf Erden, erfreut unser Sein. Die Himmelschöre singen und jubeln vor Freude.

Also haltet inne, erteilt uns den Auftrag, in Eurem Leben wirken zu dürfen. Denn Ihr müsst diesen Weg auf Erden nicht alleine beschreiten.

Schult Euch täglich ein paar Minuten in der Stille und Achtsamkeit des Geistes. Dies erhöht Eure Energiefrequenz. Dies ermöglicht Euch, Schritt für Schritt die Weisheit tief in Euch drin zu erfahren.

Ich, Michael, helfe Euch, die Erkenntnisse im Geiste umzusetzen, damit Ihr freies Geleit habt für eine glückliche Zukunft.

Erzengel Michael

Wie gestalte ich meine Zukunft ohne Altlasten?

Fragen Erzengel Michael:

- Wie können wir neu starten ohne die alten Muster mitzunehmen?
- Wie können wir die Altlasten hinter uns lassen und uns einer neuen erfreulichen Zukunft zuwenden?
- Wie manifestieren wir positive Gedanken ohne Ängste?

Erzengel Michael:

Als erster Schritt soll Euch bewusst werden, was Ihr nicht mehr möchtet. Setzt Euch hin und visualisiert eine Liste von allen negativen Mustern in Euch drin. Doch seid Euch bewusst, viele Muster kommen aus der Erziehung, andere dagegen aus alten Leben. Mit vielen Mustern seid Ihr auf die Welt gekommen, um genau diese Erfahrungen zu durchleben.

Ihr seid nur Schauspieler auf einer Bühne. Jeder spielt seine Rolle. Werdet Euch im Klaren darüber, was alt ist und Euch nicht mehr dient. Lasst alles stehen, was für das Erwachen der Seele von Nutzen ist. Alles was der Seele im Wachstum nicht mehr dient, soll nun verabschiedet werden.

Es ist nicht schwierig, doch müsst Ihr es mit Euch alleine ausmachen. Haltet inne und hört in Euch hinein. Was Ihr nicht mehr möchtet, verabschiedet es, visualisiert es und trennt es von Eurer Seele. Reinigt Eure Aura mit dem göttlichen Licht, damit Ihr frei seid von allen schlechten Energien.

Doch bedenkt, aus den Mustern muss noch die Einsicht kommen. Die Einsicht, wieso Ihr diese Muster in Euch tragt. Vielleicht möchtet Ihr mehr Geld verdienen: Wieso blockiert Ihr Geld in Eurem Leben? Vielleicht möchtet Ihr eine neue Liebe: Wieso lasst Ihr Liebe nicht zu im Leben? Vielleicht möchtet

Ihr endlich Eure Berufung kennenlernen: Was hindert Euch daran?

Der Weg führt zurück in die Vergangenheit. Sowohl die gelebten Erfahrungen als auch die gelebten Muster sind zurückzuführen auf ein Manko in der Seele. Es kann in diesem Leben oder in einem alten Leben geschehen sein.

Entschuldigt diese falschen Verhaltensmuster nicht. Indem Ihr sie entschuldigt, fokussiert Ihr alles nach außen. Doch wenn Ihr sie annehmt, verhelfen sie Euch zu mehr Verständnis.

Es ist nicht immer einfach, sich seine eigenen Schattenseiten einzugestehen. Die essenzielle Frage wäre: "Wieso gehört es zu mir? Was will mir dieses Verhalten zeigen? Was möchte es in mir erwecken?"

Viele Muster sind bei Euch Menschen überholt. Ihr braucht sie nicht mehr. Doch der Geist ist voll auf dieses Verhalten programmiert und kann einfach nicht anders, als diese Fehlprogrammierung immer und immer wieder abzuspielen.

Indem Ihr immer wieder in Euch einkehrt und das Licht der Liebe einatmet, verlieren viele Ängste ihre Wirkung. Durch das göttliche Licht könnt Ihr Euch an eine höhere Essenz binden und Ihr spürt, dass alles in Ordnung ist. Die Dunkelheit weicht in Euch und das Licht hüllt Euch liebevoll ein. Ihr lebt in dieser Liebe und alles was kommen mag, nehmt Ihr in Dankbarkeit an.

Das gleiche gilt für die Manifestation. Ein Wunsch zu äußern ist Energie. Doch wie wird ein Wunsch geäußert? Welche Energien habt Ihr in diesem Moment gebraucht? War es die absolute Erfüllung oder war da noch ein wenig Unsicherheit?

Unsicherheit heißt nichts anderes, als das Ihr der Energie und der gewünschten Manifestation nicht vertraut. Seid Ihr der tiefen Überzeugung, dass Ihr dies verdient und auch bekommen werdet, werden sich die Wünsche erfüllen.

Die Gedanken einer Wunschäußerung müssen klar, harmonisch und in absoluter reiner Energie stattfinden. Nichts darf der Wunschäußerung im Wege stehen. Die Energie muss fließen, als wäre das Gewünschte schon in Erfüllung gegangen. Wenn Ihr Gott in Eurem Herzen versteht, wisst Ihr um diese Energie. Ihr werdet Eure Wünsche im Wohle von allen Beteiligten äußern.

Doch auch hier gilt es zu verstehen, dass alles dem göttlichen Plan unterliegt. Auch hier wird das geschriebene Drehbuch von jeder einzelnen Seele berücksichtigt. Es wird sich alles manifestieren, was dem Drehbuch dient. Die Erfahrungen sollen gelebt werden und die Erkenntnisse in Euch erleuchten.

Ihr habt das Leben selbst in der Hand. Ihr seid die Schreiber dieses Drehbuches mit dem Ziel, den persönlichen Weg nicht zu verfehlen. Denn jede Seele hat in einer Seelenwanderung ein Ziel. Mit welchen Wünschen das Ziel erreicht wird, ist nicht relevant. Doch alles was Euch dient, soll geschehen, im Wohle von Allen.

Also seid weise mit Euren Wunschäußerungen, lasst Euch nicht beirren von Äußerlichkeiten. Alles was der Seele dient soll Euch im wahrsten Sinne gehören.

Manifestiert weise, manifestiert im Wohle des Lichtes und alle Türen werden sich öffnen. Doch vergewissert Euch, dass alte Muster den neuen lichtvollen Qualitäten nicht im Wege stehen.

Reinigt Eure Seele, Euren Körper und Geist und wählt den Weg des Lichts. Wenn Ihr im Licht lebt, ist die neue Welt schon gegeben. Denn Ihr werdet sehen, dass Ihr nichts braucht als dieses endlose Licht der Schöpfung. Alles ist eins, alles dient dem großen Geist, also haltet inne und wählt den Weg der Weisheit.

Die große universelle Weisheit soll im neuen Zeitalter erwachen, damit die Seelen ihre wahre Schönheit erkennen.

Wir Engel sehen die Schönheit der Seelen, denn nichts kann so schön sein wie ein Funken Gottes.

Erzengel Michael

Gebet mit Erzengel Michael

Lieber Erzengel Michael,

schenke mir die Erkenntnisse von alten Mustern und Verletzungen in meinem Leben. Hilf mir, meine Vergangenheit loszulassen. Durchtrenne alles von mir, was mich erschöpft und krank macht. Schütze mich vor Fremdenergien.

Ich übergebe mich in Deine lichtvolle Energie.

Amen.

Affirmation:
Ich lasse jetzt meine Vergangenheit los und schreite voller Kraft in die Zukunft.

Kapitel 3

HINGABE

Hingabe ist verbunden mit der Eigenschaft des Vertrauens. Sich dem Leben hinzugeben und sich voll und ganz darauf einzulassen, erfordert Mut.

Unser Verstand wird im Leben immer wieder Situationen abwägen, ob sie gut oder schlecht für uns sind. Rationelles Denken ist in der heutigen Gesellschaft hoch angesagt. Indem wir Menschen rationell durchs Leben gehen, laufen wir nicht Gefahr, ausgesetzt zu sein, was uns verletzen könnte.

Doch auch unser Verstand versagt in manchen Momenten. Jeder Mensch macht in seinem Leben die Erfahrung, dass es besser gewesen wäre auf das Herz zu hören.

Nicht immer weiß der Verstand, was gut für unser Leben ist. Der Verstand übernimmt das Kollektivdenken der Menschheit und vergisst die Individualität der eigenen Seele.

Visionen und Intuitionen werden über das Herz in unserem Geist weitergeleitet und verlangen eine Entscheidung. Der Geist weitet sich aus und sucht sich Möglichkeiten, die ihm bis dahin verborgen blieben.

Nun liegt es an uns, ob wir uns voll und ganz hingeben, oder der Norm des menschlichen Denkens mehr Beachtung schenken.

Die geistliche Ebene zeigt uns immer wieder auf, wie wunderbar es ist, sich dem Leben hinzugeben, dem Himmel zu vertrauen und sich dem Unendlichen zu öffnen.

Wenn wir mutig sind und uns hundert Prozent einlassen in die geistliche Ebene, werden wir auch hundertprozentig beschenkt werden.

Wir haben nicht nur die Angst überwunden und sind jetzt bestärkt, sondern schenken uns selber mehr innerliches Vertrauen. Gefestigt und gestärkt gehen wir durchs Leben.

In jedem Moment unseres Lebens ist die Energie der Hingabe um uns. Lassen wir sie durch uns hindurchfließen, dann hat die Angst keine Macht mehr über uns.

Die Angst vor dem Versagen schwindet und wir erlangen spürbar mehr Lebensenergie. Wir bleiben tapfer auf unserem Weg und geben uns allem hin, was der Himmel uns zeigt.

Erzengel Uriel zeigt uns leidenschaftlich die Eigenschaft der Hingabe. Kein Erzengel vermag es mit solcher Hingabe die Elemente des Lebens in uns zu erwecken. Er schwingt uns höher und höher, bis wir vor den Toren des Paradies stehen.

Durch seine Hingabe werden wir aufgefordert, unser Licht aufleuchten zu lassen und ein Vorbild für die Anderen zu sein.

Erzengel Uriel

Uriel bedeutet „Gott ist Licht“ oder auch „Gottes Feuer“. Uriel ist der Wächter der himmlischen Tore. Er zeigt uns die Vollkommenheit der Seele. Er verhilft uns zu verstehen, dass wir reines Licht sind und ein Teil des Ganzen. Er weist uns den Weg zum Paradies und schenkt uns das Gefühl, würdig zu sein.

Er ist auch der Hüter der Elemente. Er warnte Noah vor der bevorstehenden Flut. Außerdem schenkt er uns das Wissen über die Alchemie. Er schenkt uns die Fähigkeit, Materie zu manifestieren. Man sagt, er sei einer der weisesten Erzengel.

Wie ich Uriel begegne:
Uriel verkörpert für mich eine tiefe Liebe an die Schöpfung. Diese Liebe ist leidenschaftlich, kämpferisch und sehr hingebungsvoll. Uriel entfacht in uns das Feuer der Liebe. Er zeigt uns den Weg zurück zu Gott und zeigt uns mit großer Demut und Weisheit, dass wir es alle würdig sind das Paradies zu betreten. Seine Aufgabe ist es, uns Menschen auf dem Weg des Lichtes zu begleiten, damit wir Schritt für Schritt zurück zu Gott finden.

Lasst Euer Licht leuchten

Fragen an Erzengel Uriel:
- Was kannst Du mir über das Geheimnis des Ursprungs sagen?
- Wo gehört der Mensch wirklich hin?
- Welche ist Deine energetische Aufgabe hier auf Erden?

Erzengel Uriel:
Wenn Du in den Himmel schaust, siehst Du die Unendlichkeit der Schöpfung. Die Wolken bewegen sich harmonisch durch die himmlischen Sphären. Dies ist meine Energie an die Menschen.

Die Hoffnung des blauen Himmels; die Hoffnung, dass oben jemand über Euch Menschen wacht; die Hoffnung, dass es im Jenseits eine paradiesische Schönheit gibt, welche jeder von Euch Menschen erreichen kann.

Denn ich bin der Türwächter der himmlischen Tore, ich lade Euch ein, dem Licht zu folgen.

Wenn Ihr den Körper verlasst, bin ich da und weise Euch den Weg zum Paradies. Das Paradies ist das ewige Licht Gottes.

Meine Engelsflügel reichen über die Ewigkeit hinaus, sie umschlingen die Erde im wärmenden Licht der Sonne. Denn alle Elemente unterliegen meiner Energie. Ich bin der Wind in Eurem Haar, ich bin die wärmende Sonne auf Euren Gesichtern, ich bin der Regen, der Euch das Wasser auf der Erde schenkt, ich bin die Erde, die Euch nährt.

Ich bin Uriel und bringe durch die Elemente das Licht Gottes auf Erden. Denn alles ist beseelt durch den Schöpfer selbst. Alles ist ein Funken des göttlichen Lichtes.

Die Manifestation des menschlichen Körpers begleite ich mit Hingabe. Ich mache Euch die Schönheit der Mutter Erde bewusst. Denn dies ist Euer Zuhause, bis Ihr am himmlischen Tor steht und das ewige Licht Gottes entgegennehmt.

Ich liebe die Menschen, ich liebe die Erde, sie ist ein großes Geschenk an die Menschheit. Ich fordere die Menschen auf: Lasst Euer Licht leuchten. Jeder trägt einen göttlichen lichtvollen Funken in sich. Jeder dieser Funken leuchtet auf der Erde. Ich fordere Euch auf, im Bewusstsein nach diesem göttlichen Funken zu handeln. Handelt im Großen, handelt mit Mitgefühl und handelt weise.

Spricht Gedanken der Liebe aus, um den Lichtfunken in Euch zu erhellen. Dieses Licht ist das größte Geschenk an die Mutter Erde. Durch diese ewige Hingabe an das Leben steigt die Schwingung der Menschheit.

Dieses eine Licht in Euch zu finden, ist ein Teil jeder Seelenwanderung. Nichts will die Seele, als nur zurück zu ihrem Ursprung zu finden. Sich bewusst an Licht und Liebe zu halten, verspricht Euch im Jenseits den Weg zum Tor des göttlichen Paradieses.

Ich wache über die Seelen auf ihrem Weg, ich begleite sie und flüstere ihnen Worte der Zuversicht.

Zuversicht an die Zukunft braucht der Mensch. Zuversicht, dass der Weg des Lichtes gut ist, dass der Weg der Liebe das eigentliche Ziel ist.

Die Kraft des Geistes widerspiegelt jene Seelen, die im Vertrauen ihr Leben meistern. Der ausgesprochene Gedanke des Geistes ist eine Manifestation für die ganze Menschheit. Im Globalen zu denken, erfordert eine große seelische Verantwortung. Denn seid Euch gewiss, was Ihr denkt und aussprecht, manifestiert sich im Hier und Jetzt. Ob gut oder schlecht, die Handlung für die Gegenwart und die Visionen der Zukunft sind gegeben.

Ein weiser Geist weiß um die Kraft der Gedanken und der ausgesprochenen Wörter. Was ausgesprochen worden ist, manifestiert sich im irdischen Bereich. Ein weiser Geist weiß um diese Verantwortung.

Haltet inne und seid Euch bewusst wie Ihr lebt, was Ihr tut, was Ihr aussprecht, welche Energie Ihr von Euch gebt; denn all dies manifestiert sich in diesen Elementen des menschlichen Bewusstseins.

Ich helfe, berate und lehre Euch durch die großen irdischen Elemente. Dies ist meine Arbeit für die Menschen. Meine leidenschaftliche Liebe umgibt die irdischen Sphären und sie folgt dem Auftrag des Lichts.

Die Elemente werdet Ihr als Mensch spüren und leben. Verlässt die Seele ihren Körper, wird sie sich nach dem Licht orientieren, nach ihrem Zuhause. Die menschlichen Energien werden sich auf die Seele niederlegen als Erkenntnis der verschiedenen menschlichen Erfahrungen.

Ich fordere Euch auf, wenn Ihr die Seelenwanderung auf Erde annehmt, dieses Licht in Euch im Voraus zu finden. Denn dies ermöglicht Euch im Jenseits das Tor des Paradieses wieder zu erkennen und Ihr seid nicht weiterhin unwissend oder gar verloren.

Durch dieses höhere Bewusstsein, welches Ihr Euch schon als Mensch aneignen könnt, erkennt

Ihr die Vielfalt der schöpferischen Ordnung. Es vereinfacht Euch den großen universellen Geist zu verstehen. Ihr versteht, dass Ihr ein Teil als Mensch den Elementen dient und als Seele ein Teil des göttlichen Lichtes seid.

In jedem Augenblick beschreite ich das Tor der Ewigkeit und warte auf die Seelen, die nach Hause wollen. Doch wie Ihr wisst, unterliegt alles dem freien Willen. Ich kann Euch das ewige Licht nicht aufzwängen, wenn Ihr Euch vor dem Licht fürchtet. Doch seid Ihr schon in Berührung gekommen durch den kleinen göttlichen Funken in Euch, wird es Euch vertraut sein. Ihr werdet es erkennen, Ihr werdet Euer Zuhause erkennen und im ewigen Licht aufgehen.

Dies wünsche ich allen Seelen, denn dies ist meine Aufgabe als Erzengel. Ich umgebe Euch mit meiner Liebe, ich helfe Euch die Energie auf Erden rein und sauber zu halten. Ich helfe Euch, den vergessenen Funken in Euch wieder zu finden, damit Ihr das Tor der Ewigkeit erkennt, wenn Ihr den physischen Körper verlasst.

Was Euch erwartet, ist schöner als man die Schönheit in Worte beschreiben kann. Es ist alles was Ist.

Nun, erinnert Euch an diese Worte, wenn Ihr zum Himmel schaut, wenn Euch die Sonne wärmt, wenn der Regen fällt und wenn sich die Mutter Erde von ihrer schönsten Seite zeigt. Erinnert Euch an das ewige Licht und lasst Euer Licht leuchten.

Erzengel Uriel

Lebe Dein Leben in absoluter Hingabe

Fragen Erzengel Uriel:

- Wie kann ich mein Leben in absoluter Hingabe leben?
- Wie kann ich den menschlichen Schmerz mit ganzer Hingabe annehmen?

Erzengel Uriel:

Die Hingabe an das Leben beinhaltet nicht nur Schmerz, sondern auch Freude. Die Freuden des Lebens werden manchmal völlig in den Hintergrund gestellt. Doch seid Ihr Menschen gut darin, dem Schmerz viel zu viel Beachtung zu schenken. Diese Emotionen sind eigentlich nur von kurzfristiger Natur, doch wenn Ihr sie anfangt zu nähren, übernimmt der Schmerz die Überhand in Eurem Leben.

Sucht jeden Tag nach etwas Schönem, haltet Ausschau nach einem Wunder im Leben. Die Wunder passieren in jeder menschlichen Sekunde. Schaut hin und überzeugt Euch, dass nicht immer alles mit Leid und Schmerz verbunden sein muss.

Ich bin der Hüter der menschlichen Elemente. Ich schenke Euch die Energie und das Licht, welches Euch die Kraft gibt nach innen zu schauen. Diese Innenschau ist unumgänglich, um das Licht zu verstehen.

Licht ist nicht einfach Licht. Dieses göttliche Licht zu verstehen, bedingt den Geist so weit zu schulen, dass das Ego keine Macht mehr über den Geist hat. Doch dies ist sehr schwierig im menschlichen Dasein.

Ein Schmerz ist eine menschliche Emotion. Im Licht könnte der Schmerz nicht überleben. Bewegt Ihr Euch im Licht, werden die Schmerzen keine Kraft haben, Euer Bewusstsein zu übernehmen.

Die Leidenschaft für das Leben ermöglicht Euch die Seelenessenz in Euch zu entdecken. Diese Essenz ist das persönliche *Ich* der Seele. Dieses *Ich* ist als kleiner Lichtfunke aus dem großen Geist zu verstehen. Doch braucht dieser Funke, dieses *Ich*, welches sich losgelöst hat aus dem großen universellen Geist, auch Erfahrungen, damit es den Weg zurück nach Hause findet.

Dieses *Ich* will gelebt werden, dieses *Ich* will sich im Licht wieder erkennen. Es braucht die Seelenwanderung, damit es den Ursprung erkennt, damit der Ursprung identifiziert wird in dieser göttlichen großen universellen Essenz.

Wenn Ihr *Ich* zeigen müsstet, würde jeder Mensch auf sich selber zeigen. Denn da befindet sich das *Ich*, Ihr seid das *Ich*. Also bemüht Euch, dieses *Ich* zu leben, lebt es in voller Größe aus.

Das *Ich* ist verankert mit dem göttlichen Funken in Euch. *Ich* ist nicht schlecht oder böse, *Ich* ist reines Licht, *Ich* ist mit allem verbunden. Darum ist es für die Seele so wichtig, sich genau diesem *Ich* wieder ins Bewusstsein zu rufen.

Geht sorgsam mit Eurem *Ich* um. Das *Ich* möchte eigentlich nur glücklich und in Fülle leben. Dies sage ich Euch, lebt euer Leben in Hingabe, denn dies ist das größte Geschenkt an diese göttliche Quelle.

Erfreut Euch an allem im Leben, die Natur alleine hat so viel zu bieten. Die Natur alleine ist so perfekt aufeinander abgestimmt. Geht raus in die Natur, öffnet Euer Herz und Ihr werdet die wunderbare Handschrift des Schöpfers wiedererkennen.

Doch mit einem trüben Gemüt und einer traurigen Seele wird die Schönheit der Natur nicht schön sein. Sie wird nur einfach Natur sein und Ihr werdet den Funken des göttlichen Geistes nicht erkennen.

Erlebt Ihr Schmerz und Trauer, dann nehmt diesen Schmerz an. Fühlt ihn und lebt ihn aus, doch verabschiedet ihn im richtigen Moment. Der Schmerz hat nicht die Aufgabe sich niederzulegen, der Schmerz hat nur die Aufgabe, Euch die Augen zu öffnen.

Der Schmerz ist in diesem Moment Euer bester Freund, wenn man es so nennen möchte, weil Ihr dem Schmerz Beachtung schenkt und dadurch der Schmerz sein Ziel erreicht hat, nämlich Euch wachzurütteln.

Die Freuden im Leben werden mit weniger Leidenschaft angenommen, manchmal seid Ihr dankbar, manchmal aber auch nicht. Ihr erkennt die Freude und die Schönheit in Eurem Leben nicht immer.

Zuviel Energie gebt Ihr dem Schmerz. Ihr seid immer wachsam, wann kommt die nächste Ladung Schmerz. Und Sie wird kommen, weil Ihr es in diesem Moment schon manifestiert habt.

Doch wie der Schmerz kommt, so geht er auch wieder. Ihr müsst nur die Essenz der Schmerzen verstehen und annehmen. Ihr müsst den Schmerz nicht quälerisch leben als gäbe es nichts mehr im Leben.

Lebt Euer Leben in absoluter Hingabe. Ein Menschenleben hat viel zu bieten im jetzigen Zeitalter. Das Bewusstsein der Menschen steigt von Tag zu Tag.

Die Schönheit der Mutter Erde ist ein Geschenk der Schöpfung an die Menschheit. Das Leben ist wunderbar, spannend, voller Leidenschaften und Visionen. Lebt alles aus, als gäbe es nur dieses eine Leben, diese eine Erde. Lebt alles bewusst, beschreitet den Alltag in Achtsamkeit und holt Euch durch die Stille die Schönheit des Lebens zurück in Eure Herzen.

So schön wie Gott die Erde erschaffen hat, hat der Schöpfer auch die Menschen erschaffen. In absoluter Vollkommenheit, in absoluter Reinheit und absolut würdig, das Licht Gottes aufleuchten zu lassen.

In jedem Mensch ist ein kleiner Teil von dem großartigen Wunder Gottes. Denn Ihr seid Gott, Ihr seid ein Abbild von Eurem Vater, Ihr seid dieser kleine Funken, der ein Teil des Ganzen bewirkt. Ohne jede einzelne Seele gäbe es keine Vollkommenheit, zur Vollkommenheit gehört alles was beseelt ist.

Haltet inne, schenkt Euch die Größe des eigentlichen seelischen *Ich's*. Erblickt dieses *Ich*, lebt es aus und verbindet Euch mit der Quelle. In jenem Wunder des menschlichen Lebens kommt das *Ich* zum Vorschein.

Hört zu:

- Haltet nichts zurück, schenkt dem *Ich* die Beachtung welche ihm gebührt.
- Erkennt einen Schmerz, nehmt ihn an und verabschiedet ihn im richtigen Augenblick.
- Die Seele braucht den Schmerz nicht auf Dauer, nur die Erkenntnis, welche sich hinter dem Schmerz versteckt.
- Haltet inne, werdet ruhig und erkennt die Schönheit des Lebens.
- Seid Euch gewiss, alles was von Gottes Hand erschaffen worden ist, ist vollkommen.
- Durch das *Ich* werdet Ihr zum Licht und verbindet Euch mit dem *Allsein*.

Ich, Uriel, liebe die Menschen mit meiner ganzen lichtvollen Hingabe. Ich schenke der Menschheit Licht, Liebe und die Kraft durch die Elemente, das Licht Gottes zu erkennen.

Seid still, haltet inne und es offenbart sich das Wunder des *Ich's* in der Schönheit der Seele.

Erzengel Uriel

Bleibe auf Deinem Weg

Fragen an Erzengel Uriel:

- Wieso ist das Leben manchmal so schwer?
- Wieso ist es so schwierig im Licht zu bleiben, in der Hoffnung, in der Liebe, in der Zuversicht?
- Wie können wir tagtäglich diese Hindernisse überwinden?

Erzengel Uriel:

Diese Hindernisse sind nur ein Bruchteil eines Lebensabschnittes, also nicht immer von großer Bedeutung. Die Menschen urteilen und verurteilen die Situationen viel zu schnell. Besser wäre es, sich zurückzulehnen und abzuwarten was dieses Unglück, so wie Ihr es nennt, überhaupt an Bedeutung hat.

Jetzt kommt genau der Schlüssel für diese schmerzhaften Situationen. In dem Moment, indem Euch ein Unglück widerfährt, welches Ihr als Unglück annehmt, bekommt das Unglück aus Eurer Sicht eine Form. Wie diese Form des schmerzlichen Ausdruckes aussieht, ist Eurem Bewusstsein überlassen.

Widerfährt Euch ein Unglück, haltet inne, urteilt nicht sofort. Macht einen Schritt zurück, denn alles auf Erden hat zwei Seiten, dies entspricht der großartigen Dualität auf Erden.

Wenn Ihr die Energie der negativen Gedanken und Ängste zurückhaltet, bekommt die ganze Situation eine andere Form des Ausdrucks. Doch dies geht nur, indem Ihr den Geist so schult, dass Ihr in dem Moment des Unglücks Ruhe bewahrt.

Jeder von Euch hat schon mal erlebt, dass eine ungewollte Situation ins Leben kommt. Ihr seht Euch machtlos und traurig vor dieser Situation und fragt Euch: „Wieso ich?“

Jemand verliert seinen Job und erkennt in dieser Situation nicht den Segen dahinter. Später bekommt er einen viel besseren Job, doch hätte man ihn nicht aus dem früheren Job rausgeworfen, hätte er nie den Mut gehabt, den neuen Job zu suchen oder gar anzunehmen. Ist es ein Segen oder ein Unglück?

Der Weg der Menschen ist gegeben durch viele kleine und große Erfahrungen. Jeder reinkarniert sich mit seinem persönlichen Drehbuch. Dieses Drehbuch will eingehalten werden, doch das Menschensein bereitet Euch viel Mühe. Emotionen nehmen überhand in Eurem Leben und Ihr fühlt Euch eingesperrt und ohne Ausweg.

Doch es gibt immer einen Ausweg, es gibt immer einen Weg, diese eine Reise der Seele zu verstehen. Ein Unglück kommt nicht ohne irgendwelche Hintergründe.

Alles unterliegt einem grandiosen Plan. Erfahrungen und Erkenntnisse gehören zu diesem Plan. Der Lebensplan ist ein Meisterwerk der Seele.

Ich möchte Euch helfen, wenn Euch ein Unglück widerfährt und der Schmerz Euch zu erdrücken versucht, dass Ihr weiterhin im Kern des Lichts bleibt. Habt die Kraft aufrechtzustehen, damit das Unglück nicht genährt wird durch negative Gedanken. Haltet stand, auch wenn Ihr es nicht gleich versteht, wieso dieses Unglück Euch widerfährt. In der Ruhe und in der Stille werdet Ihr die Erkenntnisse bekommen. Ihr werdet verstehen, dass dieses Unglück nichts weiter ist, als eine weitere Erfahrung auf dieser langen Reise zurück ins Licht.

Egal, wie dieser Weg aussehen mag, geht Schritt für Schritt Euren persönlichen Seelenweg. Jeder Schritt bringt Euch näher zu mir, wo das Tor des Paradieses auf Euch wartet. Bietet den Stürmen die Stirn, wenn sie durch Euer Leben brausen, doch kämpft nicht dagegen an. Nährt die Stürme nicht mit Ängsten und Wut, sondern lasst sie einfach vorbeiziehen.

Bleibt weiterhin auf dem Weg, denn jeder Weg ist ein Segen. Ich, Uriel, spreche zu Euch als ein Wesen des Lichts. Ich schenke Euch die Erkenntnisse, dass jeder Sturm im Leben Eurer Seele dient.

Dadurch offenbart sich Euch der große Lebensplan.

Erzengel Uriel

Die Angst vor dem Versagen

Fragen an Erzengel Uriel:

- Wir Menschen sind voller Ängste. Viele Ängste lassen uns so erstarren, dass wir unseren Weg, den wir gehen sollten, nicht weiter verfolgen. Zweifel nagen an unserem Bewusstsein, falsche Glaubensätze schleichen sich in unseren Geist ein und verschleiern die Sicht nach vorne.
  Wie können wir die Angst hinter uns lassen?

Erzengel Uriel:

Das Gefühl von Angst kann sich nur einschleichen, wenn die Liebe zu Euch selber getrübt ist. Was kann Euch schon großes passieren? Dinge, die heute nicht nach Eurem Ermessen erledigt werden, können morgen schon in absolute Vollkommenheit geraten.

Die Angst zu versagen, nimmt Euch die Kraft nach vorne zu blicken. Die Angst zu versagen, nimmt Euch die Eigenschaft des Mutes und der Zuversicht. Der Angst zu viel Bedeutung zu schenken, schwächt den Geist in Euch Menschen.

Der Geist kann sich nicht entfalten, wenn er durch die Angst getrübt ist. Der Geist braucht die Angst nicht, um sich entfalten zu können. Der Geist möchte nur der Stimme des Herzens folgen.

Wenn Ihr im Namen der Liebe eine Rede haltet und Ihr erreicht die Menschen nicht, dann soll Euch dies nicht trüben. Viele Menschen sind noch nicht bereit, sich mit ihrer Seelenessenz zu verbinden. Würden Sie den Worten Beachtung schenken, müssten sie ihrer Seele die Würde zurückgeben.

Ich sage Euch, bleibt Euren wahren Träumen treu. Der Himmel wird sich gnädig erweisen. Die Gnade Gottes wird über Euch hineinströmen und den Mutigen unter Euch das ewige Licht schenken.

Schenkt Euren Träumen Kraft und Liebe. Lasst Euch nicht von der Angst leiten, lasst Euch nichts Falsches einreden.

Solange Ihr zweifelt, könnt Ihr den Weg nicht finden.

Der Zweifel trübt die Gedanken. Die Gedanken sollen kristallklar in Eurem Bewusstsein erblühen, damit Ihr wisst, welchen Weg Ihr gehen müsst.

Ich, Uriel, schenke Euch das Licht der Tapferkeit, damit Ihr Eurem Weg treu bleibt.

Lasst die Angst hinter Euch, habt Vertrauen in den Himmel. Nichts kann Euch geschehen, nichts kann Euch widerfahren. Traut Euch und glaubt an Euch, denn nur so kann das Licht des Himmels die Erde erreichen und die Menschen berühren.

Was ist schon Angst? Was bedeutet schon die Angst vor dem Versagen? Was kann Euch schon widerfahren? Dass andere Menschen Euch nicht mehr wahrnehmen? Dass Ihr nicht den Erfolg feiern könnt, den Ihr Euch wünscht?

Vielleicht ist der Erfolg versteckt in dieser grandiosen Erfahrung des Versagens. In diesem Versagen steckt die Möglichkeit, das Ganze neu zu überdenken. Gedanken werden neu formuliert, man setzt sich mit dem persönlichen Weg auseinander und findet heraus, dass vielleicht der andere Weg der richtige gewesen wäre.

Was wäre die Menschheit ohne solche Erfahrungen? Was wäre die Menschheit ohne diese Erkenntnisse des Scheiterns? Genau diese menschliche Schwäche schenkt Euch die Stärke des Geistes. Durch diese Essenz der Angst nehmen Gedanken neue Formen an, um den eigentlichen Weg gehen zu können, der Euch bestimmt ist.

Ich sage Euch, habt keine Angst, denn alles ist absolut in Ordnung. Lasst Euch nichts einreden. Gebt Euren wahren Gedanken des Herzens die Möglichkeit sich auszudrücken.

Auch wenn Ihr nicht gerade den größten Applaus erntet, für den Himmel ist ein Scheitern auf Erden nicht relevant, doch wird sich die Seele für den Mut bedanken, die Wahrheit gesprochen zu haben.

Die Seele möchte nur ihre persönliche Wahrheit leben, egal wie Ihr Euch als Mensch fühlt. Wir Engel stehen immer hinter Euch, wir geben Euch nie auf. Wir glauben an Euer Talent. Wir glauben und haben die Sicherheit des Himmels, dass Ihr vollkommen seid.

Wenn Ihr Euch entscheidet einen Weg zu gehen, dann geht diesen Weg. Geht ihn solange, bis sich die Seele auf diesem Weg wiederfindet. Wird sich die Seele nicht widerspiegeln auf diesen Weg, werdet Ihr neue Wege finden. Das Leben wird Euch immer wieder neue Wege schenken, bis Ihr den Weg der Seele gefunden habt.

Der Weg der Seele bedeutet, im Einklang mit Eurem Lebensplan zu sein. Dies ist unumgänglich für die Freiheit der Seele. Findet sich die Seele wieder im Einklang, werden sich für Euch Möglichkeiten eröffnen, die grösser sind als Ihr sie je für möglich gehalten habt.

Gebt der Angst keine Nahrung, lasst sie hinter Euch und geht den Weg des Mutes. Lasst alte Verhaltensmuster hinter Euch, damit sich neue Möglichkeiten zeigen können.

Es wird Euch nicht gelingen, alle Menschen von Euch zu überzeugen. Ihr müsst nur Euch selber überzeugen, dass der gegangene Weg der richtige ist.

Richtet den Fokus nach innen und Ihr werdet erkennen, dass alles seine Richtigkeit hat. Liebt Euch selber und Ihr werdet fühlen, dass Ihr nichts Falsches machen könnt.

Die Worte des Himmels werden diejenigen Menschen berühren, welche Euren Weg der Seele kreuzen. Denn diese Seele hat sich schon lange auf den Weg gemacht, die Worte zu beachten, welche sie zurückbringt ins Paradies.

Im richtigen Augenblick, am richtigen Ort, mit den richtigen Worten der Wahrheit könnt Ihr Menschen Berge versetzen.

Nichts soll Eure Gedanken trüben. Ihr könnt nicht versagen, denn auf dem Pfad der Liebe gibt es kein Versagen.

Ich helfe Euch, die Angst hinter Euch zu lassen und mutig den Weg der Seele zu gehen.

Erzengel Uriel

Gebet mit Erzengel Uriel

Lieber Erzengel Uriel,

mit Deiner Hilfe lerne ich, die schöpferischen Elemente in meinem Leben zu manifestieren. Hilf mir, den richtigen Weg zu wählen und schenke mir Licht und Vertrauen auf diesem Weg. Schenke mir das ewige Licht des Paradieses.

Ich übergebe mich in Deine lichtvolle Energie.

Amen.

Affirmation:
Ich bleibe auf meinem Weg, denn jeder Weg ist ein Segen und bringt mich zurück nach Hause.

Kapitel 4

HEILUNG

Heilung geschieht in der Verbindung mit der göttlichen Quelle. Heilung wird angenommen, wenn die Rückführung zur Schöpfung wieder gegeben ist.

Die Schöpfung ist perfekt aufeinander abgestimmt. Auf der geistlichen Ebene gibt es keine Krankheiten, so wie wir sie hier auf Erden kennen.

Schon die alte asiatische Kultur zeigt uns auf, dass, wenn die Elemente im Körper nicht im Einklang sind, die Energien gestört sind. Dies führt zu einem Ungleichgewicht, somit werden wir krank.

Die Menschen aus der westlichen Welt sind es leid, dass auch die beste Schulmedizin versagt. Nicht immer kann Heilung geschehen. Denn in unseren westlichen Kreisen wird die Heilung im Außen gesucht.

Dies ist wohl der größte Fehler von uns Menschen zu denken, dass wir uns im Außen heilen können. Der beste Arzt vermag einen Patient nicht zu heilen, wenn der die Bereitschaft nicht in sich trägt, gesund zu werden.

Diese Bereitschaft ist der Schlüssel zur Heilung. Heilung muss verstanden werden. Nicht immer ist eine Krankheit schlecht. Die Erfahrungswerte in der Krankheit sind heilig zu sprechen. Denn die Erkenntnisse dienen dem Weg ins Licht.

Nehmen wir die Heilung aus der geistlichen Ebene an, ist es ein Geschenk in unserem Leben. Wir müssen aber verstehen, dass die Heilung uns nur dienen wird, wenn sie uns auf unserem Lebensweg weiterbringt.

Geschieht das nicht, werden wir so lange in der Krankheit verharren, bis die Erkenntnisse sich in unserem Geist ausdehnen.

Eine Heilung geschieht blitzschnell. Die Verbindung mit der Quelle fließt, der Mensch ist offen, die Seele ist bereit und Heilung geschieht unwiderruflich. Die Seele spürt, dass sie den Körper weiterhin braucht, damit sie ihre Reise auf Erde weiter beschreiten kann.

Erzengel Raphael ist der Himmelsdoktor. Er ist der Engel der Heilung und schenkt uns das alte Wissen der Vollkommenheit. Er zeigt uns, wie wir unsere Seele heilen können. Er umgibt uns mit seiner kraftvollen Energie und schenkt uns die Selbstheilung, welcher jeder Mensch in sich trägt.

Erzengel Raphael

Raphael bedeutet „Gott heilt". Der Begriff „rapha" kommt aus dem hebräischen und heißt so viel wie Heiler oder Arzt. Raphael ist einer der größten und mächtigsten Heiler überhaupt. Er wird meistens gerufen, wenn es darum geht, Krankheiten zu heilen oder auch um die Genesung für andere Menschen zu beschleunigen. Man sagt, er ist umgeben von grünem, göttlichem Licht. Er ist der Lehrer aller irdischen Heiler auf unserer Erde.

Wie ich Raphael begegne:
Raphael sehe ich wie einen klugen, weisen Professor. Er zeigt sich mir riesengroß mit einem strahlenden göttlichen Licht. Hinter ihm stehen viele helfende Engel mit dem gleichen hellen Licht.

Wenn ich Menschen in meiner Heil-Praxis behandle, rufe ich Raphael jedes Mal an. Wenn ich die Hände auf einen meiner Klienten lege, spüre ich die Energie Raphaels auf meinen Händen. Er hilft mir, die Heilenergien weiterzuleiten. Seine Energie ist reine göttliche Heilung und spiegelt die Vollkommenheit des Universums wider.

Körper, Geist und Seele in Harmonie

Fragen an Erzengel Raphael:

- Wie können wir Körper, Geist und Seele wieder in Einklang bringen?
- Wie können wir uns selber heilen?

Erzengel Raphael:

Ich schenke den Menschen die Energie der Selbstheilung. Es ist mir eine Ehre die Menschen zu heilen, damit sie weiter unbeschwert ihren Weg gehen können.

Im eigentlichen Sinne gibt es keine Krankheiten. In der Schöpfung ist alles vollkommen.

Doch braucht der Mensch manchmal die Krankheit, damit er zur Ruhe kommt. Diese Ruhe kann ein großer Segen sein. Durch diese Ruhe habt Ihr die Chance, wieder auf den richtigen Weg zu kommen.

Bevor ein menschlicher Körper eine Krankheit aufweist, ist die Seele schon lange von der Krankheit befallen. Die Menschen wissen um dieses Bewusstsein. Im letzen Jahrhundert haben viele großartige Heiler für dieses neue Bewusstsein im Menschen gekämpft.

Jetzt ist die Menschheit so weit, um zu verstehen, dass ein kranker Geist einen kranken Körper verursacht. Wenn ein Körper krank ist, kann es auch ein Hilfeschrei der Seele sein.

Die Seele hat nicht die Macht, den Mensch auf die Knie zu zwingen. Gefühle und Emotionen können sehr gut ignoriert werden. Der Mensch kann sich in eine Welt manövrieren, in der alles heil erscheint. Doch der Körper kann den Menschen auf die Knie zwingen. Wenn der Körper krank wird, werdet Ihr gezwungen, innezuhalten.

Die Krankheit kommt im Stillen und bringt die Menschen dazu, ihren Lebensweg zu reflektieren.

Wo einst Undankbarkeit herrschte, herrscht auf einmal Dankbarkeit für jeden einzelnen Tag der noch kommen mag. Wo einst die Schönheit der Erde nicht erkannt wurde, erleuchtet das Leben in neuen Farben. Dies ist das Bewusstsein des Geistes, der um das Überleben kämpft.

Die Seele weiß, dass sie die Seelenreise auf Erden aufgeben muss, wenn der Körper nicht mehr funktioniert. Die Seele wird alles daran setzen, um den Körper wieder zu heilen.

Sie wird sich daran erinnern, wieso sie auf die Erde gekommen ist. Sie wird darum kämpfen, ihr Ziel in diesem Leben zu erreichen. Dies geht nur mit einem gesunden starken Körper. Ohne einen gesunden starken Körper kann der Mensch in dieser irdischen Dualität nicht alt werden.

Die Menschheit hat sich gewandelt. Altes Wissen wird wieder zu neuem Leben gerufen. Die alten Weisen wussten, dass sich eine Krankheit womöglich durch eine kranke Seele manifestieren konnte. Die alten Kulturen wussten um die Vollkommenheit eines Menschenlebens. In den alten Kulturvölkern war das Vertrauen in die Schöpfung sehr stark. Sie wussten um die Heilkraft und die Wunder des Himmels.

In den letzten hundert Jahren haben die Menschen die Verantwortung für ihren Körper aufgegeben und sich in die Hände wissenschaftlicher Medizin begeben.

Die medizinische Wissenschaft beruht auf einem höheren Wissen. Wir Engel stehen hinter der Medizin, wenn sie zum Wohle der Menschheit dient. Doch was dem Geld und der Macht dient, ist nicht im Sinne der Schöpfung.

Ihr legt das Erscheinen einer Krankheit in die Hände eines Arztes. Ein weiser Arzt wird wissen, was zu tun ist und ein weiser Patient wird wissen, ob er jemand braucht, der ihm hilft.

Jede Krankheit kann durch das göttliche Licht geheilt werden. Doch auch hier unterliegt die Heilung dem freien Willen. Ist die Seele nicht bereit, sich heilen zu lassen, weil ihr noch die Erkenntnis fehlt, wird sie solange in dieser Krankheit verweilen, bis die Erfahrung der Krankheit es zulässt, die Heilungskräfte anzunehmen.

Ich, Raphael, bringe die Heilungsenergie zu Euch Menschen. Das Licht der Heilung umgibt jede Seele wie ein farbiger Mantel. Die Kräfte der Heilung werden dann aktiviert, wenn die Seele sich bereit fühlt, dieses Licht anzunehmen.

Jede Seele weiß um diese energetische Kraft. Jede Seele kann sich dieses Licht zu Eigen machen, doch braucht es ein großes Vertrauen in den Ursprung.

Die Angst, die Unsicherheit, der Mangel an Vertrauen wird die göttliche heilende Energie von sich abstoßen. Denn diese Energie kann sich nur mit der Liebe verbinden. Die Liebe und das Vertrauen in die Schöpfung.

Hat der Mensch depressive Verstimmungen, ist die Seele mit Sicherheit traurig. Die Seele sehnt sich nach Entfaltung und nach Licht. Die Seele kann nicht zu lange in der Dunkelheit weilen, sie ist ein Teil des Lichtes. Das Licht ist die nährende Substanz, welche die Seele braucht um weiter zu gehen.

Die Reise der Seele in der Ewigkeit ist immer verbunden mit dem Ursprung. Gerät der Ursprung in die Vergessenheit, wird die Seele traurig. Wird die Seele von der Dunkelheit beherrscht, fängt sie an zu weinen. Wie ein Kind, das seine Mutter verloren hat. Das Kind ist angewiesen auf die Fürsorge und Liebe der Mutter, so gleich ergeht es den Seelen auf Erden.

Ist die Seele im Einklang mit dem Ursprung, verfügt sie über einen starken Körper und eine klaren Geist.

Dies ist meine Arbeit an der Menschheit. Körper, Geist und Seele in Einklang zu bringen. Durch diese Einheit entsteht ein riesiges Potenzial, die Seelenreise wird bewusst und im Vertrauen angenommen.

Fremdenergien, die nicht im Einklang mit dem Licht sind, können die Seele auch verletzen. Diese Fremdenergien sind nichts weiter als dunkle Gedanken, die in der universellen Energie manifestiert werden.

Der Mensch unterliegt der Resonanz seiner eigenen Gedanken. Ist der Mensch immer nur mit Krankheiten, Trauer und Depressionen in Kontakt, wird sich diese Energie auf ihn niederlegen.

Sind die Gedanken eines Menschen negativ und böse, wird es diese Fremdenergien noch mehr anziehen, damit seine persönliche Energie genährt wird.

Wir Engel können nicht genug sagen, wie wichtig es ist, den Geist zu schulen. Haltet Euch immer wieder im Licht auf, damit schlechte Gedanken Euren Geist nicht trüben.

Krankheiten können geheilt werden, dies ist kein Wunder und keine Zauberei. Jeder Mensch ist umgeben von Heilungsenergien, die aktiviert werden können.

Hört zu:

- Setzt Euch ruhig hin. Atmet Licht und Liebe ein.
- Verbindet Euch mit dem göttlichen Licht der Heilung.

- Öffnet Euer Herz dem Ursprung. Lasst die Energie des göttlichen Geistes in Euch wirken, damit die Verbundenheit zum Schöpfer wiederhergestellt ist.
- Durch diese Verbundenheit gelangt Ihr an die Quelle der heilenden Energien.
- Das Licht der Heilung überflutet Euren Körper, Geist und Eure Seele. Alles wird geheilt, was Euch nicht mehr dient.
- Atmet Liebe, Licht und Vertrauen ein. Vertrauen heißt, sich dem hinzugeben, was nicht fassbar ist für den menschlichen Geist.
- Spürt diese göttliche Energie.
- Der Schöpfer hat Euch in absoluter Vollkommenheit erschaffen.

Jede Krankheit dient dem Lebensweg und unterliegt dem freien Willen der Seele. Es gibt Seelen, die sich ein Leben in Krankheit ausgesucht haben, doch auch dieses Karma kann im Sinne der Seele als ausgeglichen erkannt werden. Durch die Erfahrung einer Krankheit kann man an die Erkenntnis gelangen. Der Körper braucht in diesem Moment nicht länger krank zu sein.

Ich, Raphael, bringe die Heilkraft auf die Erde. Dies ist mein Dienst an Euch Menschen. Dies ist meine Resonanz der Liebe auf Erden.

Erzengel Raphael

Jeder ist ein Heiler

Fragen an Erzengel Raphael:

- Wie können wir Heilung von der geistlichen Welt annehmen?
- Wie durchbrechen wir den Kreislauf einer Krankheit?
- Was ist, wenn die Krankheit dem Karma unterliegt und wir diese Erfahrung brauchen?

Erzengel Raphael:

Die Menschen haben seit Anbeginn der Schöpfung immer an Wunder geglaubt. Eine Heilung ist so etwas wie ein Wunder. Ein Wunder, die göttliche Kraft voll und ganz anzunehmen.

Ist ein Mensch krank, wird er alles dafür tun, um wieder gesund zu werden. Dies ist der Überlebensinstinkt des Menschen. Der Mensch möchte sich weiterentwickeln und einen gesunden Körper weitervererben.

Dies ist ein schwieriges Thema für Euch Menschen: HEILUNG. Jeder Körper ist vollkommen in der Schöpfung. Auch wenn ein Kind krank, behindert oder entstellt auf die Welt kommt, ist es in Gottes Augen vollkommen. Der Körper ist nur eine Hülle, welche der Seele die Möglichkeit gibt, das irdische Leben anzutreten.

Die Anzeichen einer Krankheit spürt der Mensch im Voraus. Er spürt, dass etwas nicht stimmt. Doch kann er es selten aufhalten, weil ihm die Ruhe und die Achtsamkeit fehlen. In diesem Moment ist es schwierig, die Anzeichen einer Krankheit richtig zu deuten.

Ist die Seele krank, wird früher oder später auch der Körper krank. Stirbt der Mensch, muss die Seele einen anderen Weg finden, die Seelenwanderung zu vollenden. Ohne Körper wird es nicht möglich sein, die Reise auf der Erde fortzusetzen.

Den Körper gesund zu halten, ist sehr wichtig. Körper, Geist und Seele in Harmonie zu halten, ist die Formel eines erfüllten Lebens auf Erden. Die Menschen wissen um diese Wahrheit, doch läuft das Leben nicht immer nach Plan.

Außerdem unterliegt jeder Mensch dem globalen Denken. Die Denkweise, das sogenannte Kollektivdenken, setzt sich auf das Bewusstsein vieler Menschen nieder.

Krankheiten werden analysiert und man findet auf medizinischer Basis neue Wege, um diese zu heilen. Wir Engel unterstützen die neue Wissenschaft, wenn es der Liebe dient. Alles soll zum Wohle der Menschheit geschehen. Doch ist Macht und Geld im Spiel, vergisst der Mensch das Wohl der Menschheit. Nicht die Heilung eines Menschen steht im Vordergrund, sondern nur Ruhm und Erfolg. Dies dient nicht der Liebe.

Ich habe gesagt, jeder ist ein Heiler. So ist es, jeder Mensch kann sich selber heilen. Jeder Mensch hat die Energie der Selbstheilung. Doch gelingt es den Menschen nur sehr schwer, diese Quelle anzuzapfen. Der Mensch ist zu ungeduldig in der Phase der Selbstheilung.

Der Prozess, bis sich eine Krankheit zeigt, geht über Wochen, vielleicht sogar über Jahre. Was Ihr über diesen langen Zeitraum ignoriert habt, könnt Ihr nicht in kürzester Zeit wieder beheben. Dies ist der erste Schritt zum Verständnis.

Eine Heilung braucht Vertrauen, Disziplin und sehr viel Geduld. Genau in dieser Geduld versteckt sich der größte Heilungsprozess und durch Geduld kann die Heilung wirken.

Krankheiten können auch dem Karma unterliegen. Ist die Krankheit mit dem Karma verbunden, kann auch dies durch Erkenntnisse geheilt werden. Eine Krankheit zu erleben ist eine große menschliche

Erfahrung, die mit sehr viel Schmerz verbunden ist. Die Seele will sich nicht vom Körper trennen und darum entsteht ein Gefühl von Machtlosigkeit. In dieser Machtlosigkeit ist es umso wichtiger, zurück in das Vertrauen zu kommen.

Der menschliche Körper soll gut behandelt werden, doch soll man nicht vergessen, dass es nur eine vorübergehende Hülle ist. Doch seid Euch bewusst: Was die Seele krank macht, macht auch den Körper krank.

Den Körper schlecht zu behandeln, bedeutet auch die Seele zu ignorieren. Man ist weit entfernt von der eigentlichen Wahrheit, die man leben sollte. Ich kann nicht genug sagen, wie wichtig es ist, *Körper, Geist und Seele in Harmonie zu halten*.

Dies ist keine Hexerei. Die körperlichen Bedürfnisse sollen gestillt werden im Einklang mit der menschlichen Natur. Zu viel Essen macht krank, zu viele Fremdstoffe machen den Körper krank, zu viel Stress und Unzufriedenheit machen den Körper krank.

Das gleiche gilt für den Geist. Ein Geist, den man mit schlechten und negativen Gedanken nährt, wird keine Freude und Erfüllung im Leben erfahren.

Die Seele braucht nur eine Nahrung: Liebe und göttliches Licht. Wird sich die Seele immer wieder mit dieser Quelle verbinden können, wird sie nichts von außen erschüttern.

Die Frage nach der Heilung erübrigt sich.

Lebt bewusst Euer Leben. Jeden Tag in Achtsamkeit zu leben ermöglicht Euch, die eigentliche Wahrheit Eurer Existenz zu verstehen. Ihr könnt täglich immer wieder den richtigen Weg einschlagen. Durch bewusstes Leben gelangt Ihr immer wieder auf den richtigen Weg.

Der richtige Weg ist der Weg, welcher Euch immer näher zu Gott bringt. Seid Euch bewusst, dass Ihr nicht getrennt seid von der göttlichen Quelle.

Atmet das Leben tief ein, werdet ruhig im Geist und spürt jede einzelne Zelle in Eurem Körper. Erfüllt jede Zelle mit dem göttlichen Licht und Ihr seid in vollkommener Harmonie.

Ist der Körper krank, haltet inne. Versucht zu verstehen, was Euch der kranke Körper sagen will. Wo findet in diesem Moment Euer Leben statt? Stimmt das Leben mit der Wahrheit Eures Herzens überein?

Zu verstehen, was die Krankheit Euch mitteilen will, ist ein Segen. Wenn Ihr den eigentlichen Sinn der Krankheit gefunden habt, kann die Heilung stattfinden. Ihr baucht nicht krank zu sein. Durch die Heilungsenergie, die jede Seele in sich trägt, ist es möglich alles zu heilen, was Euch nicht dient.

Ich, Raphael, helfe den Menschen, sich zu heilen. Es ist mein großes Anliegen, dass Körper, Geist und Seele in Harmonie sind.

Werdet Euch ständig bewusst, was für ein Leben Ihr führen wollt. Jede Seelenwanderung ist gesegnet durch den göttlichen Plan. Lasst Euch nicht beirren, wenn der Körper krank und schwach wird. Haltet inne, werdet still und wartet auf die himmlischen Botschaften. In der Stille werdet Ihr immer wissen, was Ihr als Mensch braucht. Ihr werdet dem Körper das zuführen, was er in diesem Moment braucht.

Schult den Geist, damit er stark und mit lichtvollen Gedanken erfüllt ist. Haltet still und hebt täglich Euer Haupt gen Himmel, damit Ihr immer in dieser Vollkommenheit verbunden sein könnt.

Dies ermöglicht Euch, ein gesundes und starkes Leben auf Erden zu führen. Atmet die Energie der Heilkraft täglich ein, sie umgibt Euch wie eine sanfte Brise. Ihr müsst die Quelle nur anzapfen, damit Ihr das heilende Licht in Euch aufnehmen könnt.

Ihr braucht Geduld im Geist. Ihr braucht Stille im Herzen. Ihr braucht Vertrauen in die Quelle.

All dies könnt Ihr erreichen, denn alle diese Eigenschaften trägt jeder Mensch in sich. Dieser Funke an göttlichem Wunder, dies seid Ihr Menschen selber auf Erden.

Ich schenke Euch die Kraft der Heilung, jedem von Euch, denn jedem gebührt es, einen gesunden starken Körper zu haben.

Heilende Liebe umgibt die Menschheit und die Mutter Erde. Alles ist eins, alles ist vollkommen.

Erzengel Raphael

Wie kann ich meine Seele heilen?

Fragen an Erzengel Raphael:

- Wie groß spielt die Kindheit eine Rolle im Erwachsenenleben?
- Kann man in der Kindheit Fehlinformationen in sein Bewusstsein aufnehmen?
- Sind die seelischen Krankheiten nur in der Kindheit zu suchen oder auch in alten Leben?
- Wie kann ich meine Seele heilen und glücklich werden?

Erzengel Raphael:

Die Kindheit spielt insofern eine große Rolle, wenn die gewünschten seelischen Erfahrungen gemacht worden sind. Die Menschen suchen in der Kindheit nach der Ursache ihrer seelischen Probleme. Viele Menschen leiden an Depressionen, Ängsten, Verlusten und Mangel an Liebe.

In der Kindheit kann man keine Fehlinformationen in sich aufnehmen, nur die auferlegten Erfahrungen können als Fehlinformationen interpretiert werden. Die Erfahrungen sucht Ihr Euch als Seele selber aus. Wenn Ihr Euch entscheidet, einen autoritären und patriarchischen Vater zu haben, dann seid Euch bewusst, dies war Eure Entscheidung. Ihr habt Euch für diese Wiedergeburt in dieser Familie entschieden. Keiner hat Euch gezwungen, einen tyrannischen Vater zu haben. Die Erfahrungswerte in der Seele sind in diesem Moment heilig zu sprechen.

Das gleiche gilt für die Mutter. Entscheidet Ihr Euch für eine schwache und aufopfernde Mutter, wird Euch die Liebe zu Eurer Mutter wütend machen. Es liegt in der Natur, dass die Kinder ihre Mütter nicht leiden sehen wollen. Doch wer gibt Euch das Recht, diesem Leid ein Ende bereiten zu müssen? Die Entscheidung liegt bei Eurer Mutter und es sind ihre Erfahrungen die sie in diesem Leben braucht, um weiterzukommen auf ihrer Reise ins Licht.

Ich, Raphael, bringe das Licht der Heilung. Nichts ist mir wichtiger, als die Menschen in der Energie der Heilung zu sehen. Wie ich Euch schon gesagt habe, die Heilungsenergie hat jeder Mensch in sich.

Ich möchte Euch die Weisheit der Heilung näher bringen. Die Weisheit der Heilung bedingt, dass keine Seele das Leid anderer Seelen auf sich nehmen darf. Wenn Ihr dies tut, greift Ihr in die schöpferische geistige Ordnung ein. Jede Seele hat ihren persönlichen Weg. Dieser Weg ist im Einklang mit der geistlichen Welt.

Die größte Liebe, die ein Mensch gegenüber einem anderen Menschen aufbringen kann, ist Mitgefühl und kein Mitleid. Mitleid bedeutet mitleiden in einem menschlichen Schmerz, der Euch selber nicht gehört. Es ist hochmütig zu denken, Ihr könntet dem Leid ein Ende bereiten, indem Ihr Euch aufopfert und solidarisch mitleidet.

Den Mitmenschen Mitgefühl zu schenken, benötigt großen Respekt. Man respektiert in diesem Moment die große Aufopferung jeder Seele auf dem Weg ins

Licht. Nur durch gemachte Erfahrungen und die Erkenntnisse daraus, können die Seelen einen Schritt weiterkommen auf dem Weg zu Gott.

Schmerzliches seelisches Leiden in der Kindheit zu suchen ist nicht immer förderlich. Ihr verbindet die seelischen Schmerzen mit Eurer Kindheit, mit falscher Erziehung, mit Fehlprogrammierung, die Eure Eltern eingeleitet haben. Ihr zweifelt die Liebe Eurer Eltern an.

Wie eine Mutter liebt, welche Erziehungsmaßnahmen sie für richtig empfindet, ist auf den Bewusstseinszustand der Mutter zurückzuführen. Auf welcher Bewusstseinsstufe ein Mensch sich befindet ist sehr individuell. Doch genau für diese Stufe des Bewusstseins habt Ihr Euch entschieden, als Ihr in diese Familie wiedergeboren wurdet. Die Erkenntnisse aus diesen Erfahrungen wollt Ihr als Kind in Euch aufnehmen.

Nicht die Kindheit will geheilt werden, nur die Seele will sich im Licht wieder erkennen.

Indem Ihr die Fehler in der Kindheit sucht oder bei Euren Eltern, fokussiert Ihr die Erfahrungswerte nach außen. Doch die Erfahrungen wollen in der Seele gemacht werden. Die Seele braucht die Erkenntnisse, um weiter aufsteigen zu können.

Indem Ihr still werdet, die Mitte in Euch aufsucht, werdet Ihr an die Weisheit Eures höheren Selbst kommen. Es wird Euch eine neue Sichtweise offenbaren, die keine Therapie benötigt, nur die eigene seelische Verantwortung. Die Verantwortung wiedergeboren worden zu sein, durch den eigenen freien Willen. Die Verantwortung, dass jede schöne oder schmerzliche Erfahrung durch Euch selber bestimmt worden ist.

Jeder Mensch in Eurem Leben spielt seine Rolle in Eurem Theaterstück. Jeder spielt die Rolle so gut, damit die Erkenntnisse sich in Eurem Leben offenbaren können. Dies ist ein Segen, Ihr lieben Seelen. Es ist ein großer Segen, auch wenn Ihr es als Mensch nicht sehen könnt; die Seele weiß um diesen Segen. Denn der Aufstieg in das Göttliche ist so gegeben. Das Licht wird heller und durchleuchtet den langen Weg zurück zu Gott. Der Weg zurück zu Gott wird durch jede Erkenntnis kürzer und kürzer.

Die Seele muss nicht geheilt werden. Die Seele ist ein Teil von Gott. Gott ist Kraft, Licht und Liebe. Die Seele will auf der Erde nur die Erfahrungen sammeln.

Die Ursachen von Traurigkeit, Depressionen, Ängsten oder Verlusten sind nicht in der Außenwelt zu suchen, sondern in Euch drin. Durch die Kraft der Resonanz wird Eure Innenwelt nach außen reflektiert. Die Außenwelt wird sich ändern, wenn die Innenwelt geheilt worden ist.

Indem Ihr Euch dem Licht Gottes widmet, verlieren negative Eigenschaften ihre Macht und Ihr erfreut Euch an dem Licht. Das Licht der Weisheit strahlt hell über Euch und Ihr empfangt ein Gefühl der unendlichen göttlichen Ordnung.

Ihr empfindet keinen Groll gegenüber Euren Familien, Mitmenschen oder gegenüber der Vergangenheit, sondern nur absolute Klarheit. Die Klarheit, dass alles seine Richtigkeit hat. Durch diese große seelische Verantwortung in Eurem Leben befindet Ihr Euch in der göttlichen Fülle.

Der Himmel kennt keine Krankheiten, nur der Mensch wird sich Krankheiten manifestieren, damit die Seele im Einklang mit ihrem Seelenplan ist. Ich kann Euch helfen, die Erfahrungen der Krankheit in Euch bewusst zu machen.

In der Verbundenheit mit der Schöpfung erlangt die Seele ihre Vollkommenheit.

Erzengel Raphael

Gebet mit Erzengel Raphael

Lieber Erzengel Raphael,

ich bitte um absolute Heilung an Körper, Geist und Seele. Durchflute mich mit dem Licht der göttlichen Heilung. Schenke mir Gesundheit und Vitalität im Alltag.

Ich übergebe mich in Deine lichtvolle Energie.

Amen.

Affirmation:
Mein Körper, mein Geist und meine Seele sind im Einklang mit der göttlichen Quelle.

Kapitel 5

EIGENLIEBE

Wie eigenartig wir Menschen doch sind. Während unserem ganzen Leben, sprechen wir den Satz *„Ich liebe Dich“* tausendmal aus. Doch zu sagen *„Ich liebe mich“* fällt uns sehr schwer. Wieso eigentlich?

Wie können wir die Bedeutung von Liebe nach außen bringen, wenn wir sie selber in uns nicht spüren oder leben? Wie können wir über die Liebe philosophieren, Bücher schreiben, Lieder singen, wenn wir die Großartigkeit der Liebe nicht voll verstehen?

Liebe kann und will nicht beschrieben werden, Liebe will gelebt werden. Aus dieser Sicht sollten wir lernen uns selber zu lieben. Die Liebe, die uns selber gebührt.

Dies geht nur, wenn wir die Großartigkeit in uns selber erkunden. Wenn wir spüren, mit welcher Hingabe Gott uns liebt. Diese Liebe von Gott ist merklich schwer anzunehmen. Durch das Getrenntsein verlieren wir diesen Zugang zur Vollkommenheit.

In der Bibel steht schon geschrieben, wir sind das Abbild Gottes. Ist Gott nicht Kraft, Licht und Liebe? Wenn es so ist, wieso können wir diese Eigenschaften in uns nicht annehmen?

Der Mensch denkt zu viel mit dem Kopf und fühlt zu wenig mit dem Herzen. Würden wir das Leben aus dem Herzen leben, wüssten wir, wie wunderbar jede einzelne Seele ist. Wir würden in jedem von uns das Licht Gottes wiedererkennen.

Wir können mit voller Überzeugung sagen *„ja, ich liebe mich und ich bin es würdig geliebt zu werden.“* Diese Worte sollten wie ein leises Mantra in unserer

Seele erklingen. Diese Worte zu verinnerlichen, lässt uns frei sein. Frei, die Liebe nach außen zu tragen. Denn in diesem Moment, wenn die Worte fallen, setzen wir die göttliche Energie frei.

Erzengel Haniel lehrt uns, mit aller Kraft und Hingabe uns selber zu lieben, so wie unser Schöpfer uns liebt. Die Liebe soll nicht hinterfragt werden, wir sollen uns selber nicht hinterfragen.

Er zeigt uns, dass wir es würdig sind, die Liebe Gottes in uns zu tragen und auszuleben. Erzengel Haniel schenkt uns über das Herz die heilende Energie der Liebe.

Erzengel Haniel

Haniel auch genannt Anael, Aniel oder Hamiel gehört zu den sieben Schöpfungsengeln. Haniel bedeutet „Anmut Gottes“ oder „Ruhm Gottes“. Man verbindet Haniel auch mit der Mondenergie und der Astrologie. Haniel ist ein sehr weiblicher Engel. Sein Licht unterstreicht die Schönheit der Liebe.

Haniel hilft uns, mehr Anmut in unser Leben einfließen zu lassen. Er zeigt uns die Schönheit des Lebens. Er sieht das Gute im Menschen. Für jede schlechte Eigenschaft eines Menschen gibt es wiederum hunderte von liebevollen Taten. Er sieht die Menschen aus der Perspektive der Liebe.

Wie ich Haniel begegne:
Haniel verkörpert für mich die unermüdliche Liebe Gottes. Er strahlt so viel Liebe aus, dass ich es in Worte nicht aussprechen kann. Er unterstützt uns, indem er uns die Schönheit des Universums aufzeigt.

Er zeigt uns die Schönheit unserer eigenen Seele und bestärkt uns in unserer Eigenliebe. Er erinnert uns daran, dass wir ein Teil Gottes sind. Seine Energie berührt sanft unser Herzchakra. Unser Herz öffnet sich wie eine Blume und lässt die Liebe um uns erstrahlen. Durch diese Offenbarung empfangen wir Liebe, nehmen Liebe an und leben Liebe.

Allumfassende Liebe

Fragen an Erzengel Haniel:

- Erkläre mir die wahre Definition von Liebe?
- Erkläre mir die Liebe Gottes?

Erzengel Haniel:

Liebe kann man nicht definieren. Liebe ist einfach Liebe. Liebe ist reines Licht. Liebe verkörpert das Licht Gottes. In der Liebe der Schöpfung gibt es keine verschiedenartige Liebe, denn die Liebe kann man nicht vierteln und die Liebe kann man nicht messen.

„Ich liebe Dich" wir von Euch Menschen täglich benutzt. *„Ich liebe mich"* wird selten gesagt. Wie könnt Ihr die Liebe weitergeben, wenn Ihr sie in Euch selber nicht angemessen annimmt?

Allumfassende Liebe im Herzen zu spüren, ist der erste Schritt um die Liebe zu verstehen. Sich selber wahrzunehmen, sich selber in diesem Licht der Liebe zu spüren ist der Weg, der Liebe einen Schritt näher zu kommen. Die Menschen sind von Gottes Liebe umgeben, sie sind reine Liebe. Die göttliche Liebe ist in ihnen und um sie herum.

Ihr seid ein Teil Gottes, dieses Licht und diese unendliche Liebe der Schöpfung trägt jeder Mensch auf der Erde mit sich.

Durch Euer Gefühl des Getrenntseins von Gott, fühlt Ihr Euch von dieser Liebe getrennt. Aus diesem Getrenntsein ist die Dunkelheit entstanden, in der die Liebe keinen Platz hat. Die Liebe kann sich in der Dunkelheit nicht entfalten, sie braucht Licht. Aus dieser Vergessenheit sollt Ihr Euer Bewusstsein schulen, damit Ihr den Weg ins Licht wieder findet.

Ich, Haniel, finde Euch vollkommen. Ich finde die Menschen schön und liebenswert. Ich kenne als Engel nichts anderes als diese vollkommene Schönheit der Schöpfung.

Wir Engel müssen zusehen, wie weit weg der Mensch sich vom Ursprung der Liebe entfernen kann. Ihr manifestiert die Dunkelheit, weil Ihr das Gefühl habt, es nicht wert zu sein in dieser Liebe zu wachsen.

Die Menschen leiden an dem Verlust der Eigenliebe. Die Eigenliebe ist der einzige Weg, die Liebe überhaupt zu würdigen. Die Eigenliebe ist der einzige Weg, andere Menschen voll und ganz zu lieben.

Ihr könnt nicht jemanden lieben, wenn Ihr die Liebe zu Euch selbst nicht spürt. Denn die Liebe ist einfach nur Liebe. Wenn Ihr den Satz *„Ich liebe Dich“* aussprecht, dann sprecht auch gleichzeitig *„Ich liebe mich“*. Nur so könnt Ihr die Liebe verstehen.

Die Liebe in Partnerschaften, von Eltern zu Kindern, von Kindern zu Eltern ist nicht immer gleich Liebe. Es ist Eure persönliche Resonanz zu denken, dies ist mein Kind, also habe ich es zu lieben. Dies ist mein Partner, also liebe ich ihn. Diese Denkweise entspricht den rationellen Überlegungen über die Liebe.

Viele Menschen leiden an Traurigkeit und an Verlustängsten. All diese Muster werden vom Herzen aufgenommen und das Herz fängt an zu weinen. Das Herz ist der Schlüssel zur Liebe. Das Herz versteht nicht, warum die Menschen die Liebe im Herzen nicht einfach wahrnehmen. Ein offenes Herz trägt so viel Liebe mit sich. Das Herz ist die Verbindung des göttlichen Lichtes. Verschließt Ihr das Herz, wird es traurig. Man nimmt dem Herz die Existenz auf Erden weg, so könnte man es in menschlicher Sprache sagen.

Jesus hat viel von der Liebe erzählt. Er sagte: „Liebt Eure Mitmenschen wie Euch selbst". Ein Teil ist angekommen, nämlich der Teil Eure Mitmenschen zu lieben, aber Euch selbst zu lieben, ist in Vergessenheit geraten. Die Nächstenliebe wird in der christlichen Welt hoch gepriesen, aber die Eigenliebe wird vergessen.

Ihr könnt Euch selbst nicht lieben, wenn das Herz verschlossen ist. Ist das Herz geöffnet, empfangt Ihr die Eigenliebe. Die Liebe zu Euch selbst ist Euch dann gegeben. Ihr spürt diese Gottesliebe, Ihr verbindet Euch automatisch mit Eurem Schöpfer und das Licht kann durch das Herz leuchten.

„Wir sind es nicht würdig, wir haben es nicht verdient, wir sind schlecht", all diese Aussagen verdunkeln die Seele. Die Seele kennt nur die Schönheit des Lichtes. Nur durch diese Verbundenheit zurück zu Euch selbst, könnt Ihr die wahre Schönheit Gottes wahrnehmen. Ein Blick auf diese Schönheit wird Euch zeigen, wie schön Ihr selbst seid. Ihr seid ein Teil der Schöpfung, alles ist perfekt aufeinander abgestimmt.

Damit Ihr die Selbstliebe wahrnehmt, müsst Ihr Euch bewusst werden, wie schön Ihr seid.

Jesus sagte auch: „Liebt Eure Feinde wie Eure Brüder". So ist es, liebt jeden Menschen, denn jeder Mensch hat den gleichen schöpferischen Ursprung. Jeder Mensch ist ein Teil von Gott. Ob er schlecht ist oder gut, segnet diesen Menschen, denn alle tragen das Licht Gottes in sich.

Wenn Ihr aus reinem Herzen handelt, gibt es keine Feinde mehr. Denn die Feinde lösen sich im Licht auf. Die Dunkelheit weicht und Ihr spürt die Kraft Gottes durch Euer Herz leuchten.

Dieses Bewusstsein zu schulen ist wichtig für die Menschheit. Das Bewusstsein langsam zu atmen, das Herz mit Liebe zu füllen und sich zu sagen *„Ich liebe mich"*, ist ein großer Schritt der Verwirklichung der Seele.

Doch der Geist muss auch beleuchtet sein. Die Liebe zu Euch selbst soll reines Licht sein und nicht durch das Ego gesteuert werden. Indem Ihr dem Ego keine Beachtung schenkt, werdet Ihr spüren und verstehen, dass die Seele wunderschön, anmutig und lichtvoll ist.

Atmet tief ein, nehmt alle Eure Gedanken auf, welche für Euch die Definition von Schönheit haben, multipliziert sie tausendfach, dann kommt Ihr vielleicht annähernd an die Schönheit der Seele ran.

Ich möchte Euch erinnern, wie schön die Seele ist. Dieses göttliche Licht ist rein von Gott gesegnet. Dieses Licht seid Ihr selbst. Erfahrt diese Kraft Gottes in Euch und verinnerlicht diese eine Liebe, die Euch gebührt.

Die Liebe zu spüren beinhaltet auch, in die Ruhe zu gehen, die Stille wahrzunehmen, damit sich das Licht in Euch entfalten kann. In der Verbindung mit der geistlichen Welt wird es Euch möglich sein, Schritt für Schritt mehr Licht und Liebe ins Leben zu bringen.

Ich, Haniel, bin unter Euch und schenke Euch dieses Licht der Schönheit, damit Ihr den Weg zurück zur Selbstliebe findet.

Meine Aufgabe ist es, Euch zu zeigen, dass die Liebe grenzenlos ist, dass sie zeitlos ist, dass Liebe einfach nur ist.

Die Liebe entspringt bei jeder einzelnen Seele von Neuem. Durch dieses Mitgefühl könnt Ihr in Euch wachsen und verstehen, dass man niemanden lieben kann, wenn man sich selber nicht liebt. Es ist ein Muster des Egos, welches Euch die Echtheit der wahren Liebe vorenthält.

Also haltet inne, atmet tief ein, kommt zur Ruhe und werdet Euch Eurer eigenen Schönheit bewusst. Die Schönheit der Liebe wird durch das Herz offenbart. Also gebt auf das Herz acht, damit es im reinen Licht der Liebe erwachen kann und dieses schöne Licht weitergeben kann.

Ich, Haniel, helfe Euch und zeige Euch den wahren Spiegel der Liebe.

In Liebe und Hochachtung, denn dies seid Ihr Euch wert.

Erzengel Haniel

Das Herz ist voller Liebe und Schönheit

Fragen an Erzengel Haniel:

- Wie kann ich mein Herz heilen?
- Wie kann ich etwas, was mich zutiefst verletzt hat, hinter mir lassen?
- Wie kann ich einem Menschen verzeihen?

Erzengel Haniel:

Aus der Sicht von uns Engeln gibt es nichts zu verzeihen. Ausdrücke der Wut und des Hasses nehmen im Licht keine Gestalt an.

Doch möchte ich Euch sagen, wie Ihr den Weg des Mitgefühls und der Liebe gehen könnt.

Zeigt mir einen Menschen auf Erden, der nicht im Laufe des Lebens schlechte und missgünstige Gedanken empfunden hat? Ihr werdet niemand finden, der diese Vollkommenheit im Leben verkörpert.

Diese Dualität habt Ihr als Seele entschieden zu erfahren. Diese Dualität braucht die Seele, um die wahre Größe der menschlichen Emotionen zu verstehen. Diese Erfahrungen, die Ihr als Seele auf der Erde erleben könnt, gibt es im Universum in dieser Form sonst nicht.

Indem Ihr die wahre Liebe in Eurem Herzen auslebt, könnt Ihr die Weisheit des Mitgefühls erfahren. Mitgefühl heißt, Euer Gegenüber so zu lieben, wie Gott es erschuf.

Diese Großzügigkeit gegenüber Euren Mitmenschen schenkt Euch die Bescheidenheit des Himmels.

Die geistige Welt zu verstehen, erfordert ein offenes Herz. Mit einem offenen Herzen könnt Ihr Euch der Eigenschaft des Mitgefühls zu Eigen machen. Durch Mitgefühl gegenüber Euren Mitmenschen gelangt Ihr an die Weisheit der Seelenessenz.

Mitgefühl umschließt die Fähigkeit, großzügig zu sein. Großzügig gegenüber Euch selber und Euren Mitmenschen. Verletzt Euch ein Mensch, so verkriecht Euch nicht wie ein krankes Tier, sondern öffnet Euer Herz für mehr Verständnis.

Indem Ihr mehr Verständnis und Wissen für die menschlichen Emotionen erlangt, wächst das Mitgefühl.

Als Mensch seid Ihr sehr verwundbar. Die Emotionen überwältigen Euch und Ihr fühlt Euch ihnen ausgeliefert. Der Geist nimmt diese Haltung an und das Herz wird traurig.

Ein Mensch, der Euch verletzt, drückt seine Wut aus. Indem Ihr diese Wut annehmt, seid Ihr in der eigenen Resonanz gefangen. Ihr verbindet Euch mit der Energie des Gegenübers und übernehmt automatisch die Wut. Es entsteht eine Form des Ausdrucks, welchen Ihr Streit nennt.

Schützt Euch vor Attacken, lasst nicht zu, dass jemand Euch aus dem Gleichgewicht bringt. Haltet inne und zieht Euch zurück in Eure eigene Mitte. Dort werdet Ihr das Ausmaß über einen solchen

Angriff erneut werten. Das Herz hat eine andere Art zu werten.

Indem Ihr Euch einlasst, seid Ihr Opfer der eigenen Resonanz. Macht es Euch traurig, wird diese Emotion etwas in Euch wachrütteln, was tief in Euch schläft.

Ihr könnt dieses Gefühl heilen, denn Heilung findet immer und ewig statt.

Wenn ein anderer Mensch Euch verletzt oder Dinge über Euch sagt, die nicht der Wahrheit entsprechen, weicht diesen Energien aus. Indem Ihr Euch einlasst, bekommen diese Dinge eine Form, welche sich wiederum auf Euer Gemüt niederlegen.

Vergesst nicht, jeder Mensch ist so individuell wie jeder einzelne Stern am Himmel. Manche Ausdrücke, die aus einem Mund kommen, sind nicht die gleichen Laute, welche ein anderer wahrnimmt. Jede Seele drückt sich auf ihre Art und Weise aus, doch stimmt es mit dem Empfänger nicht immer überein.

Jede Sprache hat ihren eigenen Laut, so ist es mit dem Empfinden jeder einzelnen Seele. Darum bitte ich Euch, seid großzügig im Empfangen. Nehmt nicht alles persönlich in Euch auf. Manche Dinge sind nicht so, wie sie scheinen.

Bedenkt, wenn Ihr eine großzügige Haltung in Euch wachsen lasst, wird sich das Mitgefühl in Eurem Herzen ausbreiten. Denn dies ist Eure persönliche Resonanz, die Resonanz von Licht und Liebe.

Ein Herz ist voller Liebe und Schönheit. Ein Herz möchte nur die Liebe zum Ausdruck bringen. Indem Ihr zulasst, dass Euer Herz mit schlechten Energien in Berührung kommt, verliert es diesen Anteil an Schönheit.

Die Wut, die Ihr gegenüber einem Menschen empfindet, bindet Euch an diese Person. Dies gilt es später zu durchtrennen, doch es bleiben immer kleine Energiefrequenzen der Enttäuschung. Der Geist vergisst nie etwas, er wird sich bis in alle

Ewigkeit daran erinnern und dadurch neues Karma ansammeln.

Dies gilt es zu verhindern, indem Ihr Euch zurücknehmt, still werdet, um Hilfe bittet und es nicht zulasst, dass es Euer menschliches Gemüt aus dem Gleichgewicht bringt.

Sich in fremden Energien zu verlieren, bringt Euch dazu, selber nicht mehr mit der göttlichen Quelle verbunden zu sein.

Was gibt es wichtigeres für eine Seele, als das unendliche Licht der Schöpfung. Nichts auf Erden, kein fiktiver Zustand kann dies ersetzen. Es ist es nicht wert, sich so zu verlieren, sich in den Opferzustand zu begeben und alles was je wichtig war, zu vergessen.

Ich sage Euch, jedes Herz ist voll von Liebe und Schönheit. Nichts kann dem trotzen, Ihr alleine seid Meister des eigenen Willens.

Bleibt verbunden mit dem ewigen Licht, lasst nicht zu, dass die Dunkelheit Euch von außen übermannt.

Erzengel Haniel

Ich liebe mich und erlaube mir, geliebt zu werden

Fragen an Erzengel Haniel:

- Wie kann ich Liebe empfangen?
- Wie soll man die Qualität der Liebe weiterschenken, wenn man nie in den Genuss gekommen ist, von ganzem Herzen geliebt zu werden?

Erzengel Haniel:

Die Liebe, die Euch selber gebührt, wird die gleiche Liebe sein, welche Ihr weiterschenkt. Liebe ist verbunden mit dem Licht der Schöpfung. Dieses Licht von Seele zu Seele verkörpert für Euch die Liebe auf Erden.

Wir Engel beobachten die Menschen und sehen die verlorene Bindung an die geistliche Quelle. Die verlorene Bindung findet nur in Eurem Geiste statt, die Seele dagegen weiß um die Verbundenheit zu Gott.

Durch das Gefühl des Getrenntseins verliert die Liebe ihre Farbe, weil Ihr die Liebe von Gott nicht mehr spürt und fühlt. Würdet Ihr in Eurer materiellen Welt das Gefühl des Einssein leben, würde die Frage, ob man lieben kann, nicht entstehen.

Denn die Liebe ist in und um Euch. Die Liebe ist das Feuer, welches das Licht Gottes erleuchten lassen kann. Nur durch die Eigenschaft der Liebe könnt Ihr das wahre Licht Gottes in Euren Herzen auch wirklich annehmen.

Auch wenn ein Mensch von Geburt an nie Liebe und Wärme erhalten hat, kann er die Eigenschaft der Liebe leben. Die Seele weiß um die Liebe. Sie weiß, dass sie von Gott wahrhaftig geliebt wird. Ohne diese Liebe wäre die Existenz der Seele unmöglich. Nur durch dieses Licht der Liebe kann die Seele ihre Reise in der Ewigkeit fortsetzen.

Ich, Haniel, rufe die Menschheit auf, durch die Schönheit der Liebe zu handeln. Die Liebe wird nie den Weg des Egos gehen, weil sie in der Eigenschaft des Egos nie überleben könnte.

Erkennt, dass Ihr es wert seid, geliebt zu werden. Die Vollkommenheit der Seele widerspiegelt die Schönheit der Schöpfung.

Wenn Ihr mit den Augen der Liebe durchs Leben geht, werdet Ihr nur Schönheit in jedem erkennen. Ihr könnt Euch mit der Vollkommenheit des Universums verbinden.

Die Eigenliebe ist der Schlüssel für ein glückliches und erfülltes Leben. Durch die Eigenliebe erkennt Ihr, dass Ihr nie getrennt seid von der göttlichen Quelle.

Wahre Eigenliebe führt zu wahrer Liebe gegenüber Euren Mitmenschen. Indem Ihr Euch täglich sagt „Ich liebe mich", erlaubt Ihr Eurer Seele geliebt zu werden. Dies wiederum erfüllt Euren Geist mit Leichtigkeit und Freude.

Wir Engel haben die Menschheit nie aufgegeben. Für jedes Missgeschick der Menschen folgen tausend gute Eigenschaften im Namen der Liebe. Dies ist das Wunder Gottes, welches in Euch wirkt.

Jeder Mensch sehnt sich nach Liebe, doch wird der Mensch nie Liebe bekommen, wenn er die Liebe in seinem Herzen nicht erkennt. Die Liebe zu Euch selber schenkt Euch die Eigenschaft, andere Menschen lieben zu können.

Erwartet nicht, dass ein Mensch den Mangel an Selbstliebe in Eurem Herzen deckt. Niemand wird Euch diese Leere im Herzen füllen können, wenn Ihr nicht bereit seid, Euch selber zu lieben.

Liebt Euch, so wie Gott Euch liebt.

Erkennt die Schönheit und die Anmut, die Gott in Euch sieht.

Des Lebens Schönheit wird in jeder Sekunde im Namen der Liebe gelebt.

Die Welt wird sich verändern, wenn Ihr im Namen der Liebe handelt.

Ich, Haniel, schenke Euch die Schönheit und die Anmut der Liebe.

Erzengel Haniel

Gebet mit Erzengel Haniel

Lieber Erzengel Haniel,

durchflute mein Herz mit der Liebe Gottes. Schenke mir Anmut von Schönheit und Liebe. Heile mein Herz von allen negativen Eigenschaften und schenke mir die Kraft der Eigenliebe.

Ich übergebe mich in Deine lichtvolle Energie.

Amen.

Affirmation:
Ich liebe mich und erlaube mir, geliebt zu werden.

Kapitel 6

FREIHEIT

Träumen wir nicht alle einmal, im Leben frei zu sein wie ein Vogel? Hoch hinaus zu fliegen und das Leben einfach hinter uns zu lassen. Keine Probleme, keine Verpflichtungen mehr. Einfach nur die Endlosigkeit des Universums.

Doch was bedeutet Freiheit für uns Menschen. Wir Menschen suchen uns ein neues Leben mit der Hoffnung, mehr Zeit für uns zu haben. Freier zu sein von irdischen Verpflichtungen. Früher oder später erkennen wir, dass auch diese neu erlangte Freiheit von kurzer Dauer ist.

In der heutigen Zeit jammern wir Menschen, dass wir keine Zeit haben für Dinge, welche unsere Herzen bereichern könnten. Die alltäglichen Aufgaben ermüden uns. Trostlos schwindet ein Tag nach dem anderen dahin und wir fühlen uns eingeengt im Karussell der Zeit.

In spirituellen Kreisen wird uns gesagt, dass wir die wahre Freiheit in unserer göttlichen Quelle wiederfinden. Die innere Mitte zu leben, schenkt uns die Freiheit der Seele.

Doch wie gelangen wir an die Quelle von Freiheit? Wie können wir den Alltag aushalten mit all seinen kleinen und großen Aufgaben? Wie gewähren wir unseren Wünschen Respekt? Ist es eine Illusion zu denken, dass wir in irdischen Dimensionen frei sein können?

Der Körper alleine wird nie frei sein. Der Körper alleine ist voll von Ansprüchen im Alltag. Sogar die Seele will immer wieder beachtet werden und der Geist spricht unermüdlich in unserem Kopf.

Erzengel Sandolphon weiß um das Geheimnis der wahren freien Seele. Sein Geschenk an die Menschheit ist, die Wünsche und Gebete in die himmlischen Sphären zu tragen. Er erweckt in uns die versteckten Talente und fordert uns auf, unserer Intuition zu folgen.

Wenn wir unseren Talenten Beachtung schenken, erlangen wir Seelenfrieden. Die Seele möchte sich auf ihrer Seelenreise weiterentwickeln. Durch das Ausleben unserer Talente stehen wir uns näher als je zuvor.

Im *Ich* angekommen, offenbart es sich, wer wir wirklich sind. Wir gehen Schritt für Schritt unseren eigenen Weg und spüren unsere Talente und leben unsere Intuition in jedem Augenblick des Lebens.

Dies ist auch Freiheit, Freiheit, welche jeder von uns auf Erden erlangen kann.

Erzengel Sandolphon

Auch bekannt als Sandalphon oder Sandolfon. Mit Metatron zusammen ist er der einzige Erzengel dessen Name nicht auf „el“ endet. Im Hebräischen bedeutet „el“ *Gott*. Man sagt, Gott gab diesen beiden Männern die unsterbliche Berufung zum Erzengel, damit sie weiterhin der Menschheit und der Mutter Erde dienen konnten. Sie wurden zu Boten des Lichtes in göttlicher Mission.

Sandolphon bedeutet im Griechischen „Bruder“. Man sagt, er sei der Zwillingsbruder von Erzengel Metatron. Diese zwei Erzengel waren ursprünglich sterbliche Menschen. Sandolphon war der Prophet Elias und Metatron der Weise Enoch.

Wie ich Sandolphon begegne:
Sandolphon steht immer links vor mir. Seine Energie ist strahlend weißes Licht. Ich nehme ihn als männliche, ruhige aber doch bestimmte Energie wahr. Er hilft uns, die richtigen Gebet zu formulieren und sie in den Himmel zu tragen. Seine Botschaften sind verspielt, klar und sehr präzise. Er zeigt uns unsere versteckten Talente, indem er in uns unsere Intuition stärkt.

Die Botschaften von Erzengel Sandolphon sind sehr lehrreich. Er kennt das Leben auf Erden und kann uns helfen, die Dinge im richtigen Blickwinkel zu sehen. Er ist ein großartiger Lehrer, seine Botschaften sind aus dem irdischen Leben gegriffen und ermöglichen uns Menschen, sie auch wahrhaftig umzusetzen.

Er war der erste Erzengel mit dem ich Kontakt hatte. Ich hatte den Namen Sandolphon noch nie gehört und kannte diesen Erzengel noch nicht. Er wurde für mich ein wahrhaftiger Meister.

Das Talent ist der Weg des Lebens

Fragen an Erzengel Sandolphon?
- Wie finden wir unsere Talente?
- Wie können wir unsere Talente leben?
- Können wir nur glücklich werden, indem wir unsere Talente ausleben?

Erzengel Sandolphon:
Eure Gedanken sind das Fundament Eurer eigenen Realität. Diese Realität entspricht Eurer Seele. Die Erfahrung, die Ihr Menschen auf Erden braucht, wird täglich von Euch selber manifestiert. Umso wichtiger in der jetzigen Zeit ist es, Euer Bewusstsein zu schulen.

Das Leben, welches Ihr Euch erschafft, entspricht Euren Ängsten und Hoffnungen. Ja, die Menschen waren schon immer voller Hoffnungen. Die Hoffnung in den Herzen der Menschen ist groß. Die Hoffnung gibt Euch den Mut, immer wieder zu beten und zu glauben. Beten ist gut, beten hat schon viele Berge versetzt. Es geht aber nicht um das aktive Beten, es geht um die Energie, die Ihr in diesem Moment fühlt. Diese Stille ermöglicht Euch, den Weg nach innen zu gehen. Die Stille gibt Euch die Kraft, Euch zu spüren. Ihr verbindet Euch in diesem Moment wieder mit dem Ursprung. Obwohl Ihr nie getrennt von Eurem Schöpfer seid, erinnert Euch diese Stille wieder an das Einssein.

Jede Aktivität, die Ihr mit Eurem ganzen Herzen erlebt, erfüllt Euer gesamtes Wesen mit Gottes Licht. Dieses Licht ist die einzige Wahrheit, die es zu leben gilt. Alles andere sind Projektionen Eurer eigenen Angst. Die Bilder aus Verlusten und Ängsten setzen sich in Euren Gedanken fest und werden somit manifestiert.

Jeder Mensch wird mit einem göttlichen Talent geboren. Dieses Talent ist ein Segen, doch kann es auch zu einer Bürde werden. Die Seele weiß um dieses Talent und will es leben, sträubt man sich gegen dieses Talent, wird es zu einer Last. Ein Talent auszuleben, ist ein Geschenk an Euren Schöpfer. Durch die Talente erhöht Ihr das Kollektivbewusstsein der Menschheit.

Jede Seele hat ihre Erfahrung in der Ewigkeit gemacht. Diese Verbundenheit zum Schöpfer ist wieder da und Ihr merkt, dass alles eins ist. Jedes Talent einzelner Seelen bewirkt ein Aufsteigen der Menschheit zu Gott.

Jedes Talent trägt die Handschrift Gottes. Diese Liebe hat er Euch in den Schoss gelegt, damit Ihr immer den Schlüssel zu ihm bereithaltet. Der

Schlüssel ist dieses geschenkte Talent, es ist der Weg zu Gott. Dies ermöglicht Euch, den Himmel auf Erden zu haben.

Also lebt für das, was Ihr seid und für das, was Euch geschenkt worden ist. Dies ist Gott.

Viele fragen sich, wie sie ihre Talente finden können.

Eure größten Talente stecken in dem, wovor Ihr Euch am meisten fürchtet.

Was Ihr am meisten von Euch stoßt, aus Angst zu versagen, das sind Eure Talente. Das Talent ist mit der Seele verbunden. Durch das Talent hat die Seele eine große Verantwortung. Sie kann es sich nicht leisten, zu versagen. Die Seele ist im Menschenkörper durch die dichte Materie geschwächt. Umso wichtiger ist es, durch die Stille in die Mitte zu kommen.

Es nützt nichts, wenn Ihr Eure Talente erkennt. Es nützt nichts, wenn Euer Verstand dieses Wissen annimmt, Ihr müsst es umsetzen. Ihr müsst es tief in Eurem Herzen spüren, dass es das richtige ist. Ihr müsst Euch bei Euren Aktivitäten glücklich und erfüllt fühlen.

Doch zuerst gilt es, den Ängsten auf den Grund zu gehen. Ihr müsst Euch mit den Schattenseiten dieser Talente verbinden. Spürt in Euch, was dieses Talent für Euch an Bedeutung hat. Wieso glaubt Ihr nicht an das Wissen, was in Euch steckt? Die Seele ist in Gottes Augen vollkommen, sein Werk an Euch ist vollkommen. Die Lebensaufgabe ist immer mit den Talenten verbunden. Lebt ein Mensch seine Talente in diesem Leben nicht aus, können karmische Verstrickungen die Ursache sein. Diesen gilt es auf den Grund zu gehen. Jedes Karma kann aufgelöst werden, die Seele muss sich nur daran erinnern und im selben Moment verliert das Karma die Macht. Das Karma ist bis in alle Ewigkeit erfüllt.

Hört zu:
Findet Eure Talente, spürt sie aus dem Herzen raus. Verbindet Euch mit den Schattenseiten, glaubt an Euch. Liebt Euch selbst, wie Gott Euch liebt. Wenn Ihr in Euren Herzen nicht die Eigenliebe spürt, werdet Ihr nie an die Seelenessenz kommen.

Die Eigenliebe ist das Tor zu Gott.

Bleibt mit dem Fokus nach innen gerichtet. Im außen zu suchen bringt Euch weiter weg von der göttlichen Quelle.

Der Weg der Seele ist sehr einfach. Seelische Verträge müssen erkannt, aufgelöst und eingehalten werden.

Ein Karma anzunehmen und zu erkennen, bedeutet, den Vertrag einzuhalten. Doch nach dem Annehmen heißt es Loslassen. Und genau das versteht Ihr Menschen nicht. Ihr fangt an zu lamentieren. Ihr verpasst immer den Augenblick, an dem dieser Vertrag erfüllt ist. Die Seele weiß um diesen Vertrag, der Geist bekommt Schuldgefühle für das Tun in der Vergangenheit. Obwohl Ihr Euch dessen nur bewusst werden müsst, fangt Ihr an es zu halten. Ihr fangt an, Schuldgefühle aufzubauen und Euch einzureden, dass Ihr es nicht wert seid, ein glückliches und erfülltes Leben zu führen.

Das Verstandene soll im Geist aufblühen, damit Ihr Euren Lebensweg erleuchtet weitergehen könnt.

Die Menschen reden davon, zurück zu Gott zu finden. Nein, nicht zurück zu Gott, sondern zurück zu Euch selbst. Indem Ihr wieder bei Euch Zuhause seid, erfahrt Ihr das göttliche Wunder. Gott ist Zuhause, somit ist er in Euren Herzen. Viele von Euch kennen dieses Gefühl von Zuhause.

Es gilt nicht, irgendwelchen alten Therapien auf den Zahn zu fühlen, sondern es gilt, einen eigenen persönlichen Weg zu finden, wie Ihr als Mensch den Weg ins Licht zurückfindet.

Die Tiefe jeder Seele ist sehr individuell und jede Seele befindet sich auf ihrem Weg. Nah oder fern von Gott, egal, jeder ist auf irgendeiner Weise auf dem Weg ins Licht.

Wie ich Euch vorher erläutert habe, der einfachste Weg sind die Talente. Doch die Talente zu finden heißt, zuerst die Schattenseite anzuerkennen und sie zu verabschieden. Indem Ihr durch diese Wüste der Unsicherheit geht und Euren persönlichen Ängsten begegnet, erkennt Ihr die Schattenseite in Euch. Haltet inne, denn am Ende der Wüste wartet eine wunderschöne Oase mit Eurem persönlichen Talent auf Euch.

Erzengel Sandolphon

Vertraue Deinem Wert und handle weise

Fragen an Erzengel Sandolphon

- Was ist, wenn man mich als Mensch nicht wahrnimmt?
- Was ist, wenn ich liebevoll im Wohle von allen Beteiligten handle und man mich trotzdem nicht anerkennt?
- Was ist, wenn ich liebevoll handle und trotzdem gedemütigt und verraten werde?

Erzengel Sandolphon:

In solchen Situationen gilt es, im Leben zu lächeln. In der tiefsten Krise vergisst man die Schönheit des Lebens, man vergisst ausgiebig zu lachen. Ob jemand Arzt oder Architekt gelernt hat, macht ihn nicht automatisch zu einem besseren Menschen. Er ist in Gottes

Augen nicht mehr wert als ein normaler Tellerwäscher. Doch eines sei Euch gewiss: Jemand, der aus ganzem Herzen Teller wäscht ist dem Schöpfer näher, als jemand, der sich mit irgendwelchen Diplomen schmückt.

Wie Ihr lebt ist relevant, nicht wie viel Erfolg und Reichtum Ihr in Eurem Erdenleben erreicht habt. Doch die gesellschaftliche Erziehung spricht eine andere Sprache. Zu fest hat Euch die Erziehung der Eltern und der Einfluss der Außenwelt in der Hand. Es gilt, dieses alte dogmatische Denken loszulassen und zu spüren, was Euch wirklich glücklich macht.

Jeder Mensch wird sich immer wieder auf die Suche nach sich selbst machen.

Dieser Weg birgt auch viele Gefahren. Ihr werdet eingenommen durch falsche Versprechen, die Euer Ego anzapfen. In diesem Moment gilt es Ruhe zu bewahren. Es gilt sich zu besinnen, was es mit diesem Weg auf sich hat.

Erinnert Euch an die Geschichte Jesu, als er durch die Wüste ging und drei Mal vom Teufel in Versuchung geführt worden ist. Das gleiche gilt für jede Seele. Auch die Schattenseiten können wunderschön ausgeschmückt sein. Es ist weniger anstrengend, sich mit den Schattenseiten zu befreunden, als mit den Tugenden des Herzens.

Der Weg des Herzens ist manchmal steinig und schwer. Die Seele wird nie etwas verschönern, sie wird Euch konfrontieren und sagen: „Nein, das brauchst Du nicht, das stimmt nicht überein mit Deiner Seelenessenz."

Ihr müsst Euch losreißen von alten Vorstellungen und Ihr müsst Euch losreißen aus alten Erziehungsdogmen, die vielleicht gut für Euch als Kinder waren. Doch jetzt gilt es, Euren eigenen Weg zu gehen. Es gilt aufrecht zu gehen und für die innere Wahrheit zu stehen.

Ihr müsst nicht schön, intelligent und erfolgreich vor Euren Mitmenschen dastehen. Es ist wichtig, dass Ihr zu Euch selber steht, dass Ihr Eure Schönheit erkennt, auch wenn die Menschen um Euch die Köpfe schütteln.

Lebt die Wahrheit, die es zu leben gilt.

Alte Dogmen müssen gesprengt werden in dieser schwierigen Zeit. Der Ausruf: „Ich war schon immer das schwarze Schaf in der Familie", ist falsch. Denn in diesem Moment, wenn Euch dieser Gedanke beschäftigt, habt Ihr Eure persönliche Wahrheit gelebt und nicht die Wahrheit anderer. Somit seid Ihr zum Sündenbock in der Familie oder in der Gesellschaft geworden, aber gegenüber Euch selbst habt Ihr Mut und Treue bewiesen.

Die Liebe zu Euch selbst verstärkt die Liebe zu Gott. Auch wenn Ihr manchmal alleine durch das Leben gehen müsst, unverstanden und ungeliebt, habt Ihr doch das größte Geschenk in Euch drin: Die Verbindung zur göttlichen Quelle. Doch dies verlangt, dass man seine eigene Wahrheit lebt.

Manchmal ist es unumgänglich wie ein Eremit durchs Leben zu gehen. Der Weg des Eremiten ist immer sehr beschwerlich. Doch ein Eremit trägt ein Licht in sich. Das Licht der Hoffnung. Dieses Licht gibt ihm die Kraft, an Gott zu glauben und es ist ein Versprechen von seinem Schöpfer, dass es ihn wirklich gibt.

Manchmal durchlebt Ihr schwere Zeiten. Ihr müsst durch die Dunkelheit der Nacht wandeln. Nur der Mond im Himmel schenkt Euch ein wenig Licht. Der Mond verkörpert in diesem Moment Euer Leben. Auch er spendet Euch Licht, damit Ihr Euch nicht verirrt. Die Nacht birgt auch viele Gefahren. Doch diese Gefahren zeigen sich meistens im Tageslicht als sehr harmlos.

Also geht Euren Weg, seid mutig und zielstrebig. Vertraut Eurem Wert und handelt weise. Denn Euren Lebensplan einzuhalten, ist die größte Tugend der Seele.

Erzengel Sandolphon

Offen sein für Erkenntnisse

Fragen an Erzengel Sandolphon:
- Wie kann ich die Erkenntnisse verstehen?
- Wie unterscheide ich meine menschlichen Erkenntnisse von irgendwelchen Hirngespinsten?
- Ist Gott alles, was wir erkennen müssen?
- Wie sieht es mit meinem freien Willen aus?

Erzengel Sandolphon:
Über den Kreislauf des Lebens gibt es nicht viel zu sagen. Ein Menschenleben ist ein Punkt in der Ewigkeit. Also nehmt Euch nicht so wichtig. Doch ein Leben ist viel wert, weil genau dieser Punkt ein Teil Eurer Erfahrung ist. Dieser kleine Punkt in der Ewigkeit kann zur Vollkommenheit führen, zur absoluten Erfüllung. Also nehmt Euch in dieser Gegenwart nicht so wichtig, aber seid Euch bewusst, dass Ihr ein Teil der unendlichen Schöpfung seid.

Ich will damit sagen, macht Euch nicht innerlich kaputt, wenn Ihr nicht gleich das absolute vollkommene Bewusstsein erreicht. Ihr habt viele Chancen, Euch in der Ewigkeit zu beweisen. Wichtig ist es, immer in dieser göttlichen Verbindung zu weilen.

Tief in Euch wisst Ihr alles, was Ihr braucht, um ein glückliches Leben zu führen. Erkenntnisse werden mit dem Herzen angenommen, weniger mit dem Verstand.

Ihr müsst nicht das Leben verstehen. Das Leben ist ein Theaterspiel, in dem Ihr der Regisseur seid. Ihr müsst verstehen, was Ihr seid. Ihr müsst endlich einsehen, dass Ihr nicht alleine seid auf dieser Seelenwanderung.

Denn alles ist in absoluter Ordnung.

Im Licht ist die größte Kraft und die größte Erkenntnis für Euch Menschen.

Die Kraft Gottes wirkt durch unser Licht und wir Engel tragen dieses Bewusstsein auf die Erde. Wir sind Boten Gottes. Doch wie Ihr wisst, gibt es das Gesetz des eigenen Willens und genau über diesen Willen möchte ich jetzt mit Euch sprechen. Ihr Menschen denkt, alles über den freien Willen verstanden zu haben, doch in Wirklichkeit gelangt Ihr nicht zu der Einsicht und Erkenntnis, welche Ihr braucht. Die Erkenntnis des freien Willens ermöglicht Euch, das Leben mit Herz und Verstand anzunehmen.

Der Wille jeder Seele ist mit Gott verbunden. Jede Seele ist ein Teil Gottes. Jede Seele hat sich getrennt von Gott, damit sie sich wieder erkennen kann. Im Licht gibt es nichts als Licht. Ihr müsst die Dunkelheit erforschen, damit Ihr den Bezug zum Licht wieder findet. Die Entscheidung sich von der göttlichen Quelle zu trennen, verursacht einen persönlichen Willen, für diesen Willen ist jede Seele selbst zuständig, d.h. niemand kann Eurer Seele reinreden. Der Erfahrungsgrad ist individuell.

Diesen eigenen Willen zu verstehen, ist unumgänglich für die Spiritualität und das Wachstum der Menschheit in der jetzigen Zeit.

Der Wille seid Ihr selbst. Ihr entscheidet, was Ihr wollt und nicht wollt. Niemand, aber wirklich niemand, nicht mal der liebe Gott kann Euch einen Willen aufzwingen.

So seid bewusst, was Ihr in Eurem Leben fordert. Bittet darum, was Ihr Euch wünscht, doch seid Euch bewusst, dies ist Euer Wille und Ihr müsst diese große Verantwortung tragen. Jede einzelne Entscheidung, die Ihr trefft, hat Eure persönliche Handschrift.

Jedes schwierige Handeln entsteht nicht aus einem Zufall oder Schicksal, sondern durch Euch selbst. Das Drehbuch für dieses Leben wird von Euch geschrieben. Doch bei der Geburt vergesst Ihr dieses komplexe Drehbuch, welches Ihr für Euer persönliches Wachstum geschrieben habt.

Die meisten Seelen suchen sich immer sehr schwierige Rollen aus. Denn sie wissen, verbinden sie ihre Rolle mit der Liebe Gottes, ist ihnen das größte Potenzial auf Erden gegeben.

Die Liebe zu Euch selbst, die Liebe zu Eurem Schöpfer ermöglicht Euch, die Erfahrungen so schnell wie möglich zu machen.

Ich wünsche mir Frieden in Euren Herzen. Der Frieden ist das Tor zum Licht. Durch inneren Frieden gelangt Ihr in die Sphären der göttlichen Ordnung. Ihr findet Zugang zur Akasha-Chronik und bekommt Einblick in die Ewigkeit Eurer Seele.

Jede Erfahrung führt früher oder später zur Erkenntnis. Jede kleinste Erkenntnis zeigt sich in der Ewigkeit wieder. Jeder Anteil Eures Bewusstseins wird irgendwann zur absoluten Vollendung gebracht. Durch diese Bereitschaft, Erkenntnisse zu sammeln, weiß die Seele wo sie steht. Ich möchte Euch Hier und Jetzt zeigen, wie mein Licht für Euch wirkt.

Ein weißes Licht durchflutet wie ein Ring die Erdoberfläche. Dies ist mein Geschenk an Euch Menschen, dieses Licht soll Euch in dieser Zeit Frieden schenken.

Wir sind Boten Gottes und wir lieben Euch Menschen. Wie sollten wir etwas so Schönes, was von Gottes Hand erschaffen worden ist, nicht lieben? Wir würden es nie wagen, die Schönheit Gottes in Frage zu stellen. Ihr seid für uns vollkommen. Ich sage

Euch das, weil ich weiß, dass Eure Herzen uns wahrnehmen. Wir ermutigen Euch, dieses Licht in die Erde zu bringen. Ihr müsst Euch nur wieder erinnern, zu welchem Zweck Ihr die Seelenwanderung auf Euch genommen habt.

Die Schwingungen der Erde erhöhen sich von Tag zu Tag und die neue Energiefrequenz erreicht die Seelen auf der Erde.

In solchen Momenten heißt es demütig alles entgegenzunehmen, was Euch das Leben schenkt. In kleinen Schritten kommt die Erkenntnis, in kleinen Abschnitten zeigt sich das Licht mehr und mehr.

Öffnet Euch dem Leben, setzt alles auf eine Karte. Wenn Ihr Hundert Prozent gebt, bekommt Ihr das Zehnfache zurück. Also hebt Euer Haupt gegen den Himmel, streckt Eure Brust raus und atmet tief das Leben ein.

Das Leben zu leben versteht sich von selbst. Man muss das Geheimnis nicht kennen. Erkenntnisse werden wie Magnete in der Seele gespeichert. Jede Seele hat Zugriff zu diesen Informationen. Ihr müsst Euch im Klaren sein, dass sich die Zeit ändert. Der große Durchbruch, von dem alle sprechen, wird nicht wie ein Feuerwerk stattfinden. Der Übergang ist still und ruhig, nur die Essenz der Seele spürt und versteht, was da vor sich geht. Jeder Schritt näher zu Gott ist ein Sieg der Menschheit.

Dies ist die Erkenntnis des neuen Zeitalters.
Die Menschheit wieder nach Hause zurück zu begleiten, ist eine große Gnade. Wir Engel sind immer durch die Liebe zu den Menschen inspiriert, den Weg weiterzugehen.

Hand in Hand begleiten wir Euch durch die Ewigkeit zurück nach Hause.

Erzengel Sandolphon

Freiheit im Herzen

Fragen an Erzengel Sandolphon:

- Wie soll ich mein Herz öffnen, ohne dass es verletzt wird?
- Gibt es einen Weg, damit das Herz nicht verletzt wird?
- Wie können wir unser Herz bedingungslos öffnen?

Erzengel Sandolphon:

Eigenwillig zu sein, entspricht nicht der Tugend des Herzens. Das Herz über den Verstand leiten zu lassen, wird Euch nicht glücklich machen.

Das Herz muss frei sein ohne Vorbehalt. Spürt Ihr die Liebe zu Euch selber, werdet Ihr nicht verletzt sein, weil Ihr Euren eigenen Wert spüren könnt. In diesem Moment habt Ihr erkannt, was Eure Seele ist und Ihr verbindet Euch mit dem Göttlichen.

Damit Ihr die Größe des Herzens erfahren könnt, verschenkt Liebe und Mitgefühl ohne irgendwelche Vorurteile.

Wenn jemand gut zu Euch ist, ist es einfach Liebe zu verschenken. Der Gedanke, dass dieser Mensch Eure ganze Aufmerksamkeit und Liebe verdient, fällt Euch leichter.

Doch seid Euch bewusst, Eure größten Feinde sind Eure größten Lehrer hier auf Erden. Wenn jemand Euch verletzt, schaut es an, richtet Euren Blick nach innen und fragt Euch: „Was möchte dieser Mensch mir sagen? Was ist meine Lehre aus diesen Worten oder Taten?“

Dank diesen Verletzungen könnt Ihr über Euch hinaus wachsen. Gefühle werden geweckt, die man im Unterbewusstsein vergessen hat. Vieles ist verschüttet in Eurem Geist. Doch genau solche Situationen dienen Eurem Wachstum.

Erkennt den Segen darin.

Ist das nicht auch eine Art Liebe? Die Liebe hat viele Gesichter, doch soll sie an erster Stelle dem Wachstum dienen und dem göttlichen Licht. Nichts ist so hilfreich wie Erfahrungen, die Euch näher zu Gott bringen.

Wir Engel sind lichtvolle Wesen, wir kennen nur Liebe. Wir empfinden nichts anderes als Licht und Liebe. Darum können wir nicht urteilen und verurteilen. Wir sind Boten des Lichts.

Hört zu:
Keiner wird Euch so gut kennen wie Eure Eltern. Das Unterbewusstsein der Eltern signalisiert ihnen, was ihr Kind wirklich braucht. Doch auch Eltern sind nur Menschen und handeln meistens nach dem Kopf und weniger nach dem Herzen. Emotional gebunden an das Kollektivdenken, übernimmt der Mensch zu viele Eigenschaften, welche die kulturelle Gesellschaft vorgibt. Doch nicht alles ist hilfreich für das Wachstum einer Seele.

Jedes Kind sollte an dem Punkt seines Bewusstseins abgeholt und unterstützt werden, wo es gerade steht. Umso wichtiger ist es, dass die Eltern sich selber schulen. Nur mit einem offenen Herzen werden die Eltern begreifen, was ein Kind wirklich braucht. Nur mit der Sprache des Herzens können Eltern ihre Kinder wirklich verstehen und ihnen mit Rat und Tat zur Seite stehen.

Aus der Akasha-Chronik weiß man, dass viele Familien miteinander verstrickt sind. Viele Seelen fühlen sich in der Seelenfamilie verpflichtet. Dinge, die in der Vergangenheit nicht erfüllt worden sind, übernehmen die Nachkommen. Dies ist der Wille der Seele. Wir Engel werden Euch in diesem Prozess immer wieder begleiten, damit diese Aufgaben erfüllt werden.

Doch will ich Euch sagen, die Ahnen sind in Euch und um Euch. So wie sie Euch Gutes schenken, können sie Euch auch eine Bürde auferlegen. Doch seid Euch gewiss, es wird nie ohne Eure Zustimmung passieren. Alles unterliegt der göttlichen Ordnung, somit auch Eurem freien Willen, dem Ganzen zuzustimmen.

Die göttlichen, spirituellen Erbschaften der Ahnen sind heilig zu sprechen. Die Ahnen haben in der Vergangenheit ihre spirituelle Arbeit auf der Erde manifestiert. Zuviel wurde in der Vergangenheit erschaffen, damit es in der Zukunft durch die Nachkommen verloren gehen kann. Alles dient der Entwicklung der Erde, somit auch der Menschheit. Also nehmt dieses Erbe an. Nehmt es in Demut und Bescheidenheit an und vollendet das Werk.

Wir werden Euch immer unterstützen und Euch begleiten, denn auch das Erbe Eurer Ahnen gehört zu Eurer Lebensaufgabe.

Ich möchte Euch etwas über die Eltern sagen. Die meisten Seelen suchen sich immer sehr schwierige Eltern aus, damit der Wachstumsprozess während der Reise auf der Erde größer ist.

Doch vergesst nie die Liebe zu Euren Eltern. Auch wenn sie Euch verletzen oder gar eine andere Geschichte in diesem Leben schreiben, sind sie in Eurer Entwicklung die größten Lehrer.

Und vergesst nicht, Eure Mutter hat Euch das Leben geschenkt. Dank dieser Hingabe an das Leben, hat sie Euch ermöglicht, die persönliche Seelenwanderung fortzuführen. Dies ist heilig zu sprechen. Denn ein geschenktes Leben dient immer der ganzen Menschheit. Und was der Menschheit dient, ist ein Geschenk an Gott.

Somit sage ich hier, nehmt Eure Eltern in die Arme, auch wenn es nur im Geiste ist und seid dankbar, egal wie schwierig sich die Beziehung anfühlt. Mit offenem Herzen könnt Ihr diese Beziehung heilen.

Gott ist Kraft, Licht und Liebe. Alles ist eins.

Die Eltern-Kind Beziehung ist sehr wichtig für Euch Menschen.

Jede Familie, jede Seelenfamilie schreibt ihre eigene Geschichte. Doch seid Euch bewusst, jede Geschichte hat nur ein Ziel, den Weg zurück zu Gott. Und jede Geschichte hat ihren Zweck erfüllt, wenn man Gottes Licht wieder spürt.

In der Ewigkeit ist alles verwoben. Wie ein Spinnennetz ist alles miteinander verbunden. Sanft und seidig dehnt sich dieses Netz durch die Ewigkeit der Menschheit.

Ihr seid hier auf Erden, um dieses Netz weiter auszudehnen.

Durch die Liebe zu Euren Mitmenschen begleitet Ihr die Seelen auf dem Weg nach Hause.

Hört zu:

Ein Herz kann nicht verletzt werden. Die Liebe kann nicht verletzt werden, denn die Liebe ist reines Licht. Licht kann man nicht zerstören. Wenn Ihr die Mitmenschen aus reinem Herzen berührt und ihnen mit offenem Herzen begegnet, werden sie geblendet sein von diesem strahlend göttlichen Licht. Die Menschen werden die Schwerter hinlegen und sich dem göttlichen Licht hingeben.

Die Seele erinnert sie daran, was sie ihr ganzes Leben lang gesucht haben. Wenn sie mit reinem göttlichem Licht berührt werden, sind sie der Heilung näher.

Und glaubt mir, die Menschen wollen nur geliebt werden. Sie wollen in ihrer ganzen Seelenpracht erkannt werden und sich im Licht verbunden fühlen.

Öffnet das Herz,
lasst die Schönheit Gottes in Euch gleiten.
Seid beruhigt, einem liebenden Herzen kann
nichts geschehen.
Streckt den Kopf gegen den Himmel
und atmet das Leben ein.
Dies ist der Weg der Seele.

Erzengel Sandolphon

Deine Intuition ist Dein bester Freund

Fragen an Erzengel Sandolphon:

- Woher weiß ich, dass alles was ich fühle auch richtig ist?
- Woher weiß ich, dass ich mich auf mein Gefühl verlassen kann?
- Woher weiß ich, dass meine Intuition mich nicht täuscht und ich mir etwas vormache?

Erzengel Sandolphon:

Diese Fragen können nur Menschen stellen. Der Weg als Mensch ist schwierig zu erklären. Die Menschen werden durch ihre Instinkte getrieben, der Körper muss befriedigt werden, ansonsten würden sie hier auf Erden nicht überleben. Wie die Tiere probiert Ihr Tag für Tag zu überleben. Doch es ist in der Zwischenzeit auch ein seelisches Überleben geworden. Viele haben den Glauben zum Schöpfer verloren und wandeln hier auf Erden im Dunkeln.

Dies möchte ich Euch erklären, diese Dunkelheit. Denn auch wenn Ihr es nicht gerne hört, die Tiere waren vor Euch auf der Erde. Die Tiere haben die Verbindung zu ihrem Schöpfer nicht verloren. Trotz äußerlicher Instinkte haben sie ihre inneren Sensoren offengehalten.

In der Tierwelt hat sich nicht vieles verändert. Es herrscht immer noch die Natur. Die Natur geht ihren eigenen Weg. Dies wird von den Tieren so hingenommen, sie hinterfragen es nicht. Denn die Natur ist ein Teil der Schöpfung und wie sollte man etwas so perfektes wie die Schöpfung hinterfragen. Die Natur ist perfekt, sie befindet sich in einem harmonischen Gleichgewicht. Doch das einzige was sich für die Tiere verändert hat, ist die brutale Art, wie die Menschen mit der Mutter Erde umgehen. Dies ist schmerzlich für die Seelen der Tiere. Sie verstehen diese destruktive Art der Menschen nicht. Sie verstehen nicht, dass man alles, was so schön und perfekt abgestimmt ist, so zerstören kann. Denn die Tiere haben ihre göttliche Intuition beibehalten.

Sie wissen, wann es Zeit ist zu fressen. Sie wissen, wann es Zeit ist sich zu paaren. Sie wissen, wann es Zeit ist weiterzugehen und sie wissen, wann es Zeit ist zu sterben und zurückzugehen zu ihrem Schöpfer.

All dies habt Ihr Menschen vergessen. All dies ist in diesem wilden Labyrinth des wirtschaftlichen und industriellen Wachstums verlorengegangen.

Die alten Kulturen, welche den Herzschlag der Schöpfung noch kannten, habt Ihr ausgerottet. Die alten Naturvölker lebten zusammen mit der Mutter Erde und waren sich der Launen der Natur bewusst. Doch diese demütigen Völker würden sich nie gegen die Schöpfung erheben, denn sie wissen, sie unterstehen einem höheren göttlichen Plan.

Hört zu:

Es ist schwierig für Euch Menschen mit der Intuition umzugehen. Ihr habt all Eure Sinne ausgetauscht durch elektronische Mittel. Wie soll ein Geist geschult werden, der nicht mehr gebraucht wird?

Die Frauen früher wussten, wie es ihren Männern auf der Jagd erging. Auch wenn die Männer nicht sofort nach Hause kamen, wussten sie aus reinem Gefühl heraus, dass es ihnen gut geht. Sie brauchten kein Handy oder Telefon.

Die Männer wiederum brauchten keine Karte und kein GPS, um zurück nach Hause zu finden. Sie kannten die Spuren der Natur und konnten sich noch mit der Natur verbinden.

All dies ist in Vergessenheit geraten. Es wurde nicht weiterüberliefert und nicht weitergeschult. Ihr habt es nicht mehr für nötig gehalten, genau in diesem wichtigen Bereich der Intuition, Euren Geist zu schulen.

Jetzt kommt langsam der Wandel in Euch Menschen. Ihr möchtet Euch wieder auf Euch verlassen können. Ihr habt die Vielfalt des Geistes wieder entdeckt und möchtet Euch abermals mit dem Schöpfer vereinen.

Zu lange ist der Mensch in der Dunkelheit gewandert. Doch auch dieses Kapitel musste in der Menschheit geschrieben werden. Dies ist ein Teil des Weges zurück zu Gott.

Jetzt möchte ich Euch sagen, wie Ihr Eurer Intuition trauen könnt. Jedes Gefühl, welches Euch sicher macht, welches konform ist mit Eurem Herzen, ist Eure Intuition. Dieses Gefühl gehört Euch allein, niemand wird sich dieses Gefühl aneignen können, weil es in diesem Moment nur für Euch bestimmt ist.

Also hört immer gut zu, was Euch Euer Herz sagt und handelt nach dem Gefühl des Herzens. Fühlt Ihr Euch wohlig warm und geborgen, dann wird es bestimmt aus den höchsten göttlichen Sphären kommen. Niemand redet Euch was ein, kein Ego oder sonstige negative Energien. Nur ein Gefühl der Klarheit, des Wissens und der Verbundenheit entsteht.

Eure Intuition ist Euer größter Freund. Weil genau diese Intuition Euch verhilft, Eure ganz persönliche Wahrheit zu leben. Eurer Intuition zu vertrauen, heißt dem Schöpfer nahe zu sein.

Hinterfragt nicht immer alles, was das Herz Euch sagt, handelt im Großen. Doch seid Euch bewusst, wenn das Gefühl nicht einstimmig ist mit dem Herzen, werdet Ihr Euch nicht gut fühlen. Eine kleine Stimme wird für Unbehagen sorgen. Und dieses Unbehagen müsst Ihr als Antwort annehmen. Denn das heißt für Euch, Ihr befindet Euch auf dem falschen Weg, oder Ihr habt in diesem Moment die falschen Entscheidungen getroffen.

Oft genug wird Euch das Wunschdenken einen Streich spielen. Wunschdenken kommt aus dem

Gefühl heraus, sich nicht mit unbequemen Situationen auseinandersetzen zu müssen. Man umgeht die Entscheidungen, indem man sich die Lösung schön redet.

Die Dinge angehen heißt auch, Verantwortung zu übernehmen für sein Leben. Ihr gestaltet Euch das Leben manchmal schwieriger als es ist.

Zu wissen, dass alles in Ordnung ist, müsste Euch dazu verhelfen, ruhiger in Eurem Leben zu werden. Die geistliche Welt ist perfekt abgestimmt auf Euch Menschen, alles dient einer höheren göttlichen Macht. Jede Seele hat ihren göttlichen Auftrag und jede Seele hat einen Schutzengel, der sie begleitet. Somit seid Ihr nie alleine.

Alles ist vollkommen in Ordnung.

Atmet in Eure Herzen und hört die Stimme in Euch, welche mit dem Leben im Einklang ist. Vertraut der Intuition, welche immer im geistlichen Bewusstsein stattfindet.

Je schneller ein Geist geschult ist, umso schneller wird er ein richtiges Gefühl von einem falschen Gefühl unterscheiden können. Euer Herz weiß es mit Bestimmtheit.

Indem Ihr Euren Fokus nach innen richtet, werdet Ihr wissen, wie Ihr mit Euren persönlichen Gefühlen umgehen müsst.

Ihr werdet ein Gefühl für das Gefühl bekommen.

Ihr öffnet Euch der geistlichen Welt, Ihr seid im Einklang mit Eurem höheren Selbst. Nur dies ist die Wahrheit.

Der Geist der Menschen will geschult werden. Ihr könnt Euch nicht immer auf Eure modernen Hilfsmittel verlassen. Ihr versklavt Euren Geist, wenn Ihr Euch nur auf diese Hilfsmittel verlasst.

Der Geist ist dehnbar wie das Universum. Ihr müsst dem Geist auch zumuten, dass er dieses Wissen leben kann und darf. Die Seele wird sich immer anpassen, doch wird sie nie die Schönheit erreichen, die ihr gebührt. Denn das Wissen der Seele hat schon eine Ewigkeit angedauert. Der Geist weiß um dieses große Wissen und will dieses schöne, klare Licht erreichen.

Die Weisen haben es Euch schon gelehrt.

Bringt Körper, Geist und Seele in Einklang und Ihr erreicht die absolute Intuition.

Erzengel Sandolphon

Jede Krise birgt eine Chance

Fragen an Erzengel Sandolphon:

- Wie gehe ich mit einer Krise um?
- Wie kann ich der Krise standhalten, wenn das Leben mich auf die Knie zwingt und ich müde und erschöpft bin, um weiterzugehen?
- Wie kann ich in einer Krisensituation die Chance des Lebens erkennen?

Erzengel Sandolophon:

Wenn Ihr Euch in diesen Momenten im Licht und in der Liebe aufhalten könntet, würdet Ihr nicht müde vom Leben sein. Verzweiflung nährt schlechte Energien. Ihr erleidet einen riesigen Energieverlust und sackt in Euch zusammen.

Wieso vergesst Ihr in diesem Moment, gegen den Himmel zu blicken? Wieso lasst Ihr Euch von dieser Trauer und Krise in Eurem Leben so beherrschen?

Eine Krise kommt nie alleine, sie ist gekoppelt an verschiedene Aspekte in Eurem Geiste. Ihr hinterfragt Euch, ob in Eurem Leben alles richtig gelaufen ist? Was braucht Ihr, um zu verstehen, dass alles in Ordnung ist?

Steht auf, segnet Euer Leben, segnet die Vergangenheit und die Menschen darin und dann blickt großzügig nach vorne.

Die Zukunft liegt in Euren Händen.

Die Krise entspricht dem Menschlichen in Euch. Hättet Ihr diese tiefen schmerzlichen Krisen nicht, würdet Ihr nie nach Gott rufen. Nur durch schwerwiegende Erfahrungen bringen es die Menschen fertig, gegen den Himmel zu blicken und zu beten.

Wenn es Euch Menschen gut geht, Ihr zufrieden, glücklich und gesund Euer Leben meistern könnt, vergesst Ihr die Wunder im Leben. Alles wird so selbstverständlich hingenommen und die Bereitschaft, sich mit Gott zu verbinden, versinkt im Alltag.

Beten ist eine meditative Art, sich mit dem Schöpfer zu verbinden. In dieser Verbundenheit könnt Ihr Euch dankbar erweisen, für all die guten Dinge im Leben.

Dankbarkeit erfüllt die Seele mit Licht.

Dieses tägliche Verbinden ermöglicht Euch, in die Stille zu gehen und Euch wahrzunehmen. Ihr spürt die Liebe zu Euch selbst und somit könnt Ihr auch wahrhaftig andere Menschen lieben.

Die Liebe zu verstehen ist sehr einfach. Denn die Liebe ist einfach nur Liebe. Nichts als reines Licht gehört zu der Liebe.

Dies zu verstehen braucht bei manchen Menschen eine gewisse Zeit. Doch jeder wird es früher oder später verstehen. Spätestens nach dem Tod. Die Liebe ist stark verbunden mit dem Herzen. Darum öffnet Euer Herz und lasst die Liebe in Euch entfalten.

Ihr müsst lernen, die Menschen zu lieben, nur so könnt Ihr das Menschsein auch verstehen.

Hört zu:

Jede Krise birgt eine Chance. Dank der Krise könnt Ihr Euer Bewusstsein schulen. Ihr berührt in Euch eine gewisse göttliche Tiefe, die manchmal nur durch

Schmerzen ins Bewusstsein tritt. Tief in Euch ist das große Wissen.

Die Krise ist nichts anderes als Euer Spiegelbild an Erfahrungen, die Ihr vergessen habt. Nehmt Ihr diese Erfahrungen wieder zur Kenntnis, ist die Krise überstanden. Eine Krise kommt selten allein. Tief in der Krise sind andere Muster versteckt, die auch gelebt und verabschiedet werden wollen.

Ihr braucht wirklich nicht unglücklich sein in Eurem Leben. Ihr müsst auch nicht auf die nächste Krise warten. Seid Euch aber immer bewusst, nichts kommt einfach umsonst. Alles hat einen höheren Sinn. Alles ist eine Botschaft der universellen Ordnung.

Darum hört immer gut zu. Lasst Euch nicht entmutigen, wenn etwas nicht so läuft, wie Ihr es gerne hättet. Und lasst die Vergangenheit ruhen. Jede Erfahrung birgt eine große seelische Chance. Auch wenn Ihr es jetzt nicht sehen oder spüren könnt, werdet Ihr es irgendwann mal verstehen.

Habt Vertrauen in das Leben und mutet jedem seinen eigenen persönlichen Weg zu.

Betet für die Heilung der Seele, in der Hoffnung, dass die Krise bald vorbei sein möge. Doch die Krise möchte angeschaut werden. Erst dann ist die Seele bereit weiterzugehen.

Erzengel Sandolphon

Des Lebens Schönheit liegt in der Selbsterfahrung

Erzengel Sandolphon:

- Wir gehen durch schmerzhafte Erfahrungen und durch freudige Erfahrungen. Wir nennen es Schicksal. Wir nennen es Zufall oder wir nennen es

einfach nur Pech. Dies auf eine größere Ordnung zurückzuführen ist schlicht und einfach undenkbar. Zu sehr sind wir in diesen schmerzhaften Prozess involviert.
Was kannst Du mir über die menschlichen (Selbst-) Erfahrungen sagen?

Erzengel Sandolphon:
Erfahrungen sind nicht gleich Erfahrungen. Erfahrungen bergen ein großes Potenzial und sie unterliegen der göttlichen Ordnung. Alle Eure Erfahrungen sind von Euch persönlich, bevor Ihr wiedergeboren werdet, entschieden worden. Also kein Zufall, kein Schicksal und kein Pech, sondern es ist Euer persönliches Drehbuch, welches zusammen mit dem Schutzengel zusammengestellt worden ist.

Wenn Ihr so wollt, lebt Ihr in Eurem persönlichen Drehbuch. Wir Engel können es Euch immer und immer wiederholen: Ihr seid Schmied von Eurem persönlichen Glück oder Pech.

Es hört sich in Euren Ohren schrecklich an, kein Mensch will Schmerzen erleiden, kein Mensch will eine Krankheit. Doch genau das ist der springende Punkt, durch diese tiefgreifenden Erfahrungen habt Ihr die Chance, zurückzufinden zu Gott. Ich will nicht sagen, dass Ihr ein erbärmliches, schmerzverzerrtes Leben führen müsst, doch auch durch schmerzliche Erfahrungen gelingt Euch der Weg zurück zu Gott.

Einfacher wäre es zu vertrauen, das Herz zu öffnen, reines Licht über Euch ergießen zu lassen und es in Mitgefühl aufleben zu lassen. Doch gelingt Euch dies nicht immer im Leben.

Außerdem seid Ihr zu sehr abgelenkt. Würdet Ihr mehr nach innen schauen, in die Stille gehen, bräuchtet Ihr die Erfahrung von Krankheit nicht. Weil Ihr immer in Verbindung mit dem Göttlichen stehen würdet und Ihr wüsstet, was Euch gut tut. Manchmal muss der Mensch durch schmerzhafte Prozesse gehen, um zu der göttlichen Quelle zurückzufinden.

Wenn Ihr Euch dem bewusst seid, dass Ihr einfach alles selber manifestieren könnt, habt Ihr die Chance, Euer seelisches Wachstum voranzutreiben.

Die Erfahrungen unterliegen der seelischen Freiheit. Niemand kann Euch da reinreden. Wie schön ein Leben werden kann, hat jede Seele selbst zu bestimmen. Ihr unterliegt dem freien Willen. Wir Engel können Euch beraten und wir können die neue Reinkarnation mit Euch abstimmen. Aber wie Ihr das Leben führen wollt liegt an Euch.

Es ist eine sehr schwierige Aufgabe. Wenn Ihr in der feinstofflichen Welt seid, in Eurem Seelenzuhause, ist alles leicht und mit Licht erfüllt. Viele Erfahrungen werden festgelegt im Licht der Liebe. Doch in dem Moment, in dem Ihr wiedergeboren werdet, ist alles anders. Die Seele vergisst ihr Zuhause, nur das höhere Selbst erinnert sich daran. Die Seele fühlt sich im Körper schutzlos und durch die dichte Materie auf der Erde ist der Ruf Gottes erschwert wahrzunehmen.

Die Erfahrung, die Ihr als Mensch erlebt, wird für manche zur Bürde. Doch könnt Ihr die Schönheit des Lebens nicht begreifen, wenn Ihr nicht durch diesen Prozess geht. Dieser Prozess ist unumgänglich für die Seele.

Die Seele braucht die Seelenwanderung, um Gott immer ein Schritt näher zu kommen, bis sie wieder allumfassende Liebe ist. Ich habe Euch schon etwas über die Ewigkeit erzählt. Die Seele lebt in dieser Ewigkeit und wird durch diese Erfahrung grösser und heller.

Es ist der Seele freier Wille, sich diesen Weg auszusuchen. Die Seele wandelt auf der Erde, sammelt Erfahrungen, entdeckt ihr Licht und ihre Verbundenheit zu Gott.

Wir Engel wissen um diese Erfahrungen der Menschen. Wir können Euch in dieser Selbsterfahrung helfen, doch können wir es nur tun, wenn Ihr uns den Auftrag erteilt und wir die karmischen Gesetze nicht brechen.

Menschen, die in ihrem Leben einen großen Verlust erlitten haben, müssen lernen, gerade auch durch diesen Verlust, Vertrauen ins Leben zu haben. Die Verbindung zum göttlichen *Ich* ist unumgänglich, um endlich in das Vertrauen zu kommen.

Menschen mit einer Krankheit werden lernen, die Selbstheilungsprozesse in sich zu reaktivieren. Wenn sie dies erreichen, sind sie dem Schöpfer einen Schritt näher, weil sie ihr persönliches Licht wieder gefunden haben.

Leid ist eine Projektion Eurer Ängste. Nur durch die Ängste und dem Verlust des inneren Lichts hat die Angst Macht über Euch. Licht vertreibt dunkle Gedanken, doch müsst Ihr dem Licht auch eine Chance geben. Verschließt Euch nicht, habt Vertrauen in Gott und in die geistliche Welt.

Ich möchte noch etwas zur Selbsterfahrung sagen. Übernehmt Verantwortung für jedes Handeln im Leben, übernehmt im wahrsten Sinne *Verantwortung* für alles, was Euch im Leben widerfährt. Ob gut oder schlecht, Ihr seid die Schreiber dieses Drehbuches, Ihr habt Euch entschieden diesen Weg zu gehen. Niemand ist schuld an Euren Verlusten. Niemand hat Euch diese Erfahrungen auferlegt, all dies sind Erfahrungswerte, die die Seele braucht.

Und eines seid Euch gewiss, kein Mensch kann alles (er)tragen im Leben. Kein seelisches Drehbuch ist ohne Werkzeuge geschrieben worden. Die Lebensgeschichte wird liebevoll mit der geistlichen Welt abgestimmt. Ihr habt viele Helfer, keiner von Euch ist alleine auf der Erde. Der treuste Gefährte ist Euer Schutzengel, wie nah oder fern er ist, liegt an Euch.

Die Schutzengel wissen um diese Lebenswege und kennen Euren Seelenplan. Sie werden Euch immer liebevoll begleiten und Euch in jeder Lebenslage zur Hilfe kommen. Doch auch sie unterstehen dem freien Willen des Menschen.

Darum fordere ich Euch auf, heißt Eure Schutzengel in Eurem Leben willkommen. Wir Erzengel begleiten die Menschheit durch die Dunkelheit und schenken Euch ein Licht im Tunnel.

Wir sind immer für Euch da, unermüdlich schreiben wir die Geschichte neu. Wir beleuchten Euren Lebensweg. Wir helfen Euch zu erinnern, dass Ihr wunderschön seid, dass Ihr ein Teil Gottes seid und dass Gott in Euch wirkt.

Mit jeder seelischen Wiedergeburt wird mehr Licht auf die Erde gebracht und transformiert. Seid dankbar für dieses kostbare Leben. Alles dient einem höheren Sinn, dem Weg zurück nach Hause.

Erzengel Sandolphon

Gebet mit Erzengel Sandolphon

Lieber Erzengel Sandolphon,

hilf mir, die Kraft der seelischen Freiheit in mir zu verstehen. Durchflute meinen Geist mit dem göttlichen Licht. Schenke mir die Visionen meiner Talente und stärke mich in meiner Intuition.

Ich übergebe mich in Deine lichtvolle Energie.

Amen.

Affirmation:
Heute schenke ich mir ein Stück himmlische Freiheit.

Kapitel 7

ZUVERSICHT & HOFFNUNG

Die Hoffnung der Menschen ist wie ein Anker im Leben. Gebe es die Hoffnung nicht, würden viele Menschen in der Hoffnungslosigkeit sterben.

Das Gefühl vom Glauben an eine bessere Zukunft, hat die Menschheit immer wieder aufleben lassen. Die Geschichte zeigt, dass sich der Mensch immer wieder gegen das Schicksal gesträubt hat. Niemand will dem Schicksal bedingungslos ausgesetzt sein.

Nicht immer wird es uns gelingen, uns gegen das Schicksal zu wehren. Manchmal müssen wir uns dem Schicksal hingeben. Wir lassen uns fallen und spüren, wie uns der Boden unter den Füßen genommen wird. Keine sanften Worte der Hoffnung können uns in diesem Moment erreichen. Wir schließen unsere Herzen und lassen uns vom Schmerz betäuben. Ausgeliefert, müde und erschöpft verlässt uns die Kraft der Hoffnung. Hoffnungslosigkeit und Traurigkeit ist angesagt. Frustriert schütteln wir die Köpfe, machtlos wieder einmal dem Leben mit seinen schrägen Launen ausgesetzt zu sein.

Tief in uns schlummert die Gewissheit, dass sich alles wieder einrenken wird. Doch diese Gewissheit ist weit weg, sie hat noch keine Form und keinen Halt. Wir erhalten nur dieses Gefühl von „vielleicht" wird alles wieder gut. Nun ist eine positive Haltung angesagt, ein kleines Stoßgebet, möge der liebe Gott uns erhören. Doch die Zweifel bleiben. Wir ringen mit dem Gedanken, dass wir vielleicht büßen müssen für alte Sünden. Die Angst sitzt uns im Nacken, dass wir vielleicht nie wieder ein Funken Hoffnung verspüren werden.

Ob kleine oder große Sorgen, die Gedanken der Menschheit bewegen sich tagtäglich um die Hoffnung. Diese Hoffnung schenkt Kraft. Wir können durch die Hoffnung wieder Mut schöpfen. Die Visionen der Zukunft erhalten neue Farben. Alles wird wieder lebendig und schön. Das Leben ist wieder in absoluter Ordnung. Ein Lächeln umgibt unser Gesicht, wir tauchen ein in eine hoffnungsvolle Zukunft. Die Gegenwart mit ihren schwierigen Momenten ist vergessen. Nun schauen wir nach vorne, sind stark und denken positiv. Das Ziel ist es, wieder glücklich zu werden.

Die meisten Menschen tragen tief in sich den Glauben an eine höhere Macht. Die Verbindung mit der göttlichen Quelle gerät in Vergessenheit, doch tief im Herzen schlummert die Gewissheit, dass wir nicht alleine sind auf der Erde.

Jeder Mensch braucht Hoffnung, damit er negative Erfahrungen überwinden kann. Durch die Erkenntnisse kommt die Seele gestärkt zurück ins Leben. All dies gehört einem höheren Bewusstsein. Viele Menschen bewegen sich in dieser höheren Dimension von Weisheit. Doch gibt es Menschen, die weiterhin sanft vor sich hin schlafen. Zeigt sich das Leben hart und unbarmherzig, suchen sie den Schuldigen im Außen oder verurteilen Gott dafür.

Erzengel Gabriel kennt die Antwort auf diese Ängste und Vorurteile.

Erzengel Gabriel schwingt seine lichtvolle Energie über die Erde und nimmt den Menschen die Angst vor der Zukunft. Er ist der Erzengel der Hoffnung und der Zuversicht.

Erzengel Gabriel

Auch bekannt als Jibril. Gabriel bedeutet „Gott ist meine Stärke“. Gabriel ist der Erzengel der Verkündungen. Er ist der berühmte Engel, der Elisabeth und Maria die bevorstehende Geburt ihrer Söhne Johannes und Jesus verkündete.

Er unterstützt werdende Mütter in ihrer Geduld und Liebe zum ungeborenen Kind. Er schenkt werdenden Eltern die Eigenschaft der Fürsorge für das gemeinsame Kind. Außerdem verkörpert Gabriel das Licht der Zuversicht. Er nimmt den Menschen die Angst vor der Zukunft, schenkt ihnen Mut und Kraft, um nach vorne zu blicken.

Wie ich Gabriel begegne:
Als Mutter von drei Kindern habe ich Gabriel immer sanft und wohlwollend wie eine Mutter an meiner Seite gespürt. Gabriel verkörpert den weiblichen Aspekt der Erzengel. Seine Energie ist vollends weiblich, so wie die Mutter Maria.

Seine Botschaften umhüllen eine immense Kraft der Zuversicht und der Hoffnung. Gabriel zeigt sich mir wie ein farbiger lichtvoller Horizont in der Ferne. Er erinnert mich immer wieder daran, den Blick nach vorne zu richten und die Gedanken in Licht und Liebe zu halten.

Die Kraft der Erde

Fragen an Erzengel Gabriel:

- Wie können wir die weiblichen Qualitäten ausleben?
- Wie können wir die Kraft der Erde nutzen?
- Wie können wir mit der Mutter Erde besser umgehen?

Erzengel Gabriel:

Gott gab ich mein Versprechen, die Menschen zu begleiten und ihnen die Angst vor der Zukunft zu nehmen. Denn es gibt nichts, was Ihr fürchten sollt.

Die Erde ist gesegnet von Gottes Licht. Wir Erzengel umhüllen die Erde mit unserer göttlichen Liebe und bringen Licht in die Dunkelheit.

Die Mütter wissen um die Gunst der Mütterlichkeit. Die Mutter Erde ist auch Mutter, sie ist die Wiege der Menschheit. Alle Erfahrungen und Hoffnungen werden durch die Wiedergeburt neu definiert.

Die Mütter der Erde sind ein Teil meiner Erzengelarbeit. Ich schenke den Frauen die Schwingungen der ungeborenen Kinder. Die Kinderseelen umhüllen die Mütter mit ihrer liebevollen Aura und bereiten sie auf dieses himmlische Ereignis vor.

Es ist für Eltern eine große Ehre, Kinder auf die Welt zu bringen. Sie ermöglichen der Seele, ihr persönliches Karma abzubauen und lichtvolle Erfahrungen zu sammeln. Diese Fürsorge umhüllt die Eltern in ein großes magisches Licht. Es geht nicht um die Verantwortung als Eltern, denn der Lebensplan jener Seele, auch die Eurer Kinder, ist schon lange geschrieben. Es geht um die Nächstenliebe, sich in der Schöpfung zu spüren und sich mit ihr zu verbinden. Es geht darum, Gott nahe zu sein und dem göttlichen Plan ein Stück näher zu kommen.

Die Mutter Erde nimmt jede Seele dankbar auf. Sie verbindet sich mit dieser Seele und wünscht ihr viel Kraft und Liebe auf dem irdischen Lebensweg.

Ja, die Erde verfügt über große Kräfte. Die Seelen wissen um die Gunst dieser Kräfte. Es geht nicht darum, irgendwelche schmerzhaften Erfahrungen zu machen, es geht mehr darum, den Weg zu Gott zurück zu finden. Die Vergessenheit und die Dunkelheit sollen dem Licht weichen.

Ich überbringe Euch die lichtvolle Botschaft von Ungeborenen. Es ist mir eine Freude, diese Seelen zur Erde zu begleiten und sie der Obhut der Mütter zu übergeben.

Ich umhülle die Frauen mit der lichtvollen Kraft der mütterlichen Liebe.

Ihr solltet verstehen, dass die Erde für ein Teil der Ewigkeit ein Zuhause für Euch Menschen ist. Als wiedergeborene Seele könnt Ihr die Kraft der Erde als neues Zuhause annehmen und den Weg liebevoll gestalten. Die Kraft der Erde ist stark und majestätisch. Die Schönheit der Schöpfung spiegelt sich in jedem Aspekt der Mutter Erde wider.

Gott hat seine ganze Liebe in die Erde gelegt. Als Boten Gottes umhüllen viele Engel die Erde mit ihren Flügeln und wiegen sie wie eine Mutter ihr Kind.

Dieses neue Zuhause soll gesegnet sein für das ungeborene Kind. Darum bemühen wir Engel uns, Euch bewusst zu machen, wie wichtig es ist, liebevoll mit den Energien der Erde umzugehen. Es ist das Zuhause der Menschheit, auch wenn dieses Zuhause nicht ewig dauert, solltet Ihr die Erde nach dem irdischen Tod liebevoll Euren Nächsten übergeben.

Alles ist beseelt, alles ist mit Gottes Licht durchflutet und alles ist lebendig. Doch die Menschen haben diese Demut zur Natur verloren, wie auch die Verbindung zu Gott.

Ich schenke Euch Licht und Liebe, damit Ihr zurück zum Licht findet. Damit Ihr dieses Licht liebevoll in Euer Leben integriert und die Zukunft mit Hoffnung, Freude und Fülle gekennzeichnet ist.

Die Welt wird nicht untergehen. Die Erde ist nicht dem Untergang geweiht. Doch die Zerstörung der Erde beinhaltet für die Seelen, dass ihr neues Zuhause von schlechten Gedanken und negativen Energien verschmutzt ist.

Wenn eine Mutter ihr Kind in den Armen wiegt, wünscht sie sich eine liebevolle und schöne Zukunft für ihr Kind. Nichts ist grösser als diese eine Mutterliebe, nichts ist mit mehr Verantwortung gesegnet als die Liebe der Eltern.

Die Zukunft trägt Eure Handschrift. Somit lasst Licht einfließen, bemüht Euch um Liebe, bemüht Euch, Gott in Euren Herzen zu tragen, damit die Zukunft mit dem göttlichen Licht erfüllt ist.

Verbindet Euch mit der Mutter Erde, geht liebevoll und respektvoll mit ihr um. Sie arbeitet unermüdlich, damit die Menschen glücklich leben können. Sie schenkt den Bäumen, den Meeren, den Tieren, alles was beseelt ist, Licht und Energie.

Die Erde ist für Euch Menschen ein vorübergehendes Zuhause. Seid Euch dem bewusst und verinnerlicht dies in Euren Herzen. Eure Kinder der Zukunft, die nächsten lichtvollen Seelen, werden es Euch danken.

Ich möchte Euch glücklich stimmen auf die Zukunft. Die Zukunft ist kein Ort der Angst und schlechten Erfahrungen. Nehmt Gedanken der Liebe und der Hoffnung in die Zukunft mit, damit das Leben auf Erden gefeiert werden kann.

Jeder Gedanke, sei er noch so gut oder schlecht, wird eingeflochten in das Netz des Lebens. Je prächtiger und liebevoller die Farben der Gedanken sind, umso schöner leuchtet die Zukunft der Erde.

Ich zeige den Menschen das göttliche Licht. Auch wenn sie es nicht gleich fassen können, erinnert sich die Seele an dieses kostbare Licht, an diese Verbundenheit, an dieses Einssein.

Ich zeige Euch die Schritte, damit Ihr die Zukunft in Licht und Liebe wahrnehmen könnt:

- Seid Euch dem Zuhause Erde bewusst. Geht liebevoll mit Eurem Zuhause um, es ist der zukünftige Wohnort von Euren Kindern.
- Umarmt die Kinder und seid Euch der Verantwortung bewusst, dass jedes Lebewesen einem Plan unterstellt ist. Dieser Plan unterliegt der göttlichen Ordnung.
- Verbindet Euch mit der Mutter Erde. Die Verbundenheit zur Erde ermöglicht Euch, schneller im göttlichen Bewusstsein zu sein. Die Erde ist für den Weg der Spiritualität unumgänglich. Der Körper ist das Zuhause der Seele, der Körper braucht die Kraft der Erde, um überhaupt zu überleben.
- Schult die Gedanken im positiven Maße. Die Gedanken sind die Manifestation der zukünftigen Welt. Jede Seele hat es verdient, glücklich auf Erden zu sein. Liebe, Licht und viele positive Gedanken beeinflussen den zukünftigen Weg. Haltet inne, wenn sich Dunkelheit über Euch legt, haltet still und wartet auf das Licht. Wo es Dunkelheit gibt, gibt es auch Licht.
- Wenn Ihr den Blick in die Zukunft richtet, segnet diese Zukunft. Segnet sie mit Euren Schutzengeln, segnet sie, als gebe es nichts Schöneres und Heiligeres als eine erfüllte Zukunft.
- Öffnet Eure Herzen dem Wunder der göttlichen Schöpfung, alles ist perfekt abgestimmt. Alles unterliegt der göttlichen Ordnung, alles dient der Entfaltung der Seele, alles ist eins mit dem Licht der geistlichen Welt.

- Lehrt Euch, in Bescheidenheit und Demut zu leben. Dies ist nicht schwierig, es bedingt still zu werden, das Licht im Herzen anzunehmen und es im Stillen weiterzugeben. Seid dankbar für dieses Leben auf Erden.

Was Du heute bist und denkst, wird sich morgen erfüllen.

Ich schwinge mit meinen Flügeln einen Hauch Liebe, Licht und Hoffnung in die menschliche Zukunft. Jeder Mensch hat es verdient, in Fülle zu leben. Dies ist der Wille Gottes.

Erzengel Gabriel

Ihr wurdet unschuldig, engelsgleich geboren

Fragen an Erzengel Gabriel:

- Wie ist es uns möglich, aus der dunklen Gegenwart eine lichtvolle Zukunft zu gestalten?
- Was ist, wenn wir die Zukunft nicht positiv gestalten können und wir weiterhin in der Dunkelheit verweilen?

Erzengel Gabriel:

Ich bin der Engel der Hoffnung und bringe Euch das Licht der Hoffnung. Es ist mir ein großes Anliegen, den Menschen Hoffnung zu schenken.

Die Gewissheit, dass die Dunkelheit ohne das Licht nicht überleben kann, sollte Euch eine Sicherheit geben. Es gibt keine Schatten ohne Licht. Wo es Schatten gibt, muss irgendwo auch Licht sein.

Bemüht Euch täglich, diesen Gedanken auszutragen. Wo es Dunkelheit gibt, da ist das Licht nicht weit entfernt. Dieser Gedanke bringt Ruhe und Frieden in die Geister der Menschen. Denn es ist eine Tatsache, dass in der dualen Welt, in der Ihr lebt, es zwei Seiten des Lebens gibt.

Verzweifelt nicht auf der Suche nach dem Licht. So einfach ist es nicht, denn Licht ist nicht gleich Licht. Jede Seele nimmt das Licht individuell in sich auf.

Das gleiche gilt, wenn Ihr als Mensch wiedergeboren werdet. Jeder Mensch wird die Erfahrung von Schmerz und Leid, von Freude und Hoffnung anders in sich aufnehmen. Licht ist nicht gleich Licht, Schmerz ist nicht gleich Schmerz. Was für die einen Freude ist, ist für die anderen ein durchschnittliches Gefühl.

In diesem Sinne könnt Ihr Schmerz oder Freude nicht kategorisieren. Jede Seele ist so individuell wie das Universum selber.

Manche Menschen denken, sie müssen vor lauter Schmerzen sterben. Andere spüren den Schmerz nicht mehr und wiederum andere nehmen den Schmerz tapfer hin, mit der Gewissheit, dass es Schlimmeres gibt.

Ihr fragt, wie Ihr aus einer dunklen Gegenwart eine lichtvolle Zukunft manifestieren könnt. Zuerst muss die Frage, was eine lichtvolle Zukunft für Euch bedeutet, beantwortet werden. Was beinhaltet Licht für Euch? Was möchtet Ihr in der Zukunft? Wie fühlt sich für Euch ein Leben in Licht und Fülle an? Was sind Eure sehnlichsten Gedanken?

Der Mensch überlebt durch die Hoffnung, die er hegt. Schritt für Schritt geht er weiter in seinem Leben, immer in der Hoffnung, Besseres zu erreichen. Die seelische Freiheit auf Erden zu erreichen, ist als Mensch fast unmöglich.

Wir Engel brauchen den Gedanken von Freiheit und Hoffnung nicht, denn wo das Licht ist, gibt es nichts mehr zu erreichen als nur das göttliche Sein.

Ich frage Euch nochmals, was bedeutet für Euch eine erfüllte Zukunft? Was möchtet Ihr in der Zukunft?

Bevor Ihr dies beantworten könnt, müsst Ihr spüren und sehen, wo Ihr Euch in der Gegenwart befindet. Wie sieht diese Gegenwart im Hier und Jetzt aus? Wie fühlst Du Dich? Bist Du glücklich, ist alles an seinem Platz, spürst Du Freude und Fülle? Spürst Du ein Teil von Mangel in Deiner Seele? Bist Du traurig?

Erkenne wer Du bist, damit Du weißt, wohin Du willst.

Ihr könnt keine Zukunft manifestieren, wenn Ihr Euch nicht bewusst seid, was Ihr in der Gegenwart lebt.

Ich komme immer zu den Menschen, im Bewusstsein, dass die Zukunft voller guter Hoffnung ist. Dies ist so, doch liegt es an jeder Seele, sich das ins Bewusstsein zu rufen.

Der Weg zurück ins Licht, ist im menschlichen Körper nicht immer einfach. Doch ist es möglich, den Geist während des Lebens so zu schulen, dass Ihr achtsam Schritt für Schritt den Alltag bewältigt.

In dem Ihr mehr Licht in Euer Leben einfließen lasst, wird das Leben einfacher sein. Die Dunkelheit wird weichen und das Leben zeigt sich in voller Fülle.

Die Frage nach der Zukunft erübrigt sich, weil Ihr im Hier und Jetzt lebt, in diesem Moment der Fülle. Es gibt nichts zu erreichen, was Ihr jetzt nicht schon leben könnt. Der Blick nach vorne gerichtet heißt, sich der Gegenwart bewusst zu werden, denn in der Gegenwart findet das Leben statt.

Was ich Euch als Erzengel schenke, ist die Zuversicht, dass es in der Zukunft auf diesem einen Weg, auf dieser Seelenwanderung immer mehr Licht geben wird. Nichts ist im Dunkeln, auch die Zukunft nicht.

Der Tod ist nicht das Ende, sondern der Anfang zum Paradies. Also wenn Ihr alt werdet, lebt als wärt Ihr noch jung. Denn die Zukunft beinhaltet auch ein Weitergehen in eine höhere Dimension.

Denn Ihr seid unschuldig und engelsgleich geboren worden. Ihr habt das universelle Recht als Seele, Euch im Licht aufzuhalten.

Dies ist meine Botschaft an Euch. Ermöglicht Euch eine lichtvolle Zukunft, ich begleite Euch auf diesem Weg.

Erzengel Gabriel

Das kleine Kind

Fragen an Erzengel Gabriel:

- Wie können wir das kleine Kind in uns heilen?
- Ist es wichtig, dem kleinen Kind Beachtung zu schenken?

Erzengel Gabriel:

Ein Kind wird unschuldig und vollkommen geboren. Ein Baby verkörpert die Reinheit der Seele. Kein Mensch kommt böse auf die Welt. Diese dunklen Eigenschaften werden später durch die Resonanz in der Außenwelt in einer Seele erweckt.

Kinder spielen, sind unbeschwert und voller Neugier. Diese Neugier trägt die Kraft Gottes in sich. Ein Kind denkt sich nichts Böses, es ist nur neugierig. Mit welchen Energien diese Neugier gestillt wird, wird der Mensch später als Erfahrungen betrachten.

Wir Engel erfreuen uns über ein lautes fröhliches Lachen eines Kindes. Durch diese Unschuld ist das Kind eng mit der geistlichen Ebene verbunden. Kinder müssen sich nicht zwingen, die geistlichen Ebenen zu sehen, sie sind eins mit der geistlichen Ebene. Es gibt für ein Kind kein oben und unten, sondern nur die Vielfalt des Lichtes. So gesehen wird ein Kind uns Engel immer spüren und sehen.

Die Prägung durch die Außenwelt und die Erziehung wird es dazu führen, rationell zu denken. Die Bedürfnisse des Herzens werden nach und nach verschüttet, was bleibt ist eine Reihe von Maßnahmen, welche Ihr Menschen als existenzielles Überleben für richtig haltet.

Ein Kind wird lernen, dass es brav sein muss und seinen Eltern gehorchen muss. Es wird lernen, wie man sich benimmt, wie man spricht und wie man richtig fühlt.

Von klein auf wird Euch beigebracht, dass Gefühle nicht immer gut sind. Ein Kind wird sich dem hingeben, weil es die Eltern als seine Bezugspersonen sieht. In den Augen des Kindes haben die Erwachsenen mit allem Recht. Die Unbeschwertheit der Kindheit geht mit den Jahren verloren, was bleibt, ist die Verantwortung für jeden einzelnen Tag. Ihr entwickelt eine Überlebensstrategie, die mehrheitlich mit einem Schwarz-Weiß Denken verbunden ist, weniger mit der kindlichen Intuition. So fangt Ihr an, Euch Strategien aufzubauen, wie ein Leben richtig aussehen muss.

Ich sage Euch, nicht von den Erwachsenen könnt Ihr lernen, sondern von den Kindern. Diese kleinen lebensfreudigen Lebewesen tragen die Verbindung zu Gott am stärksten.

Als Erwachsene werdet Ihr dieses kleine Kind immer in Euch tragen. Denn dieses kleine Kind ist Euer Geburtsrecht. Die ganze Freude, das ganze Lachen und das Glück, welches Euch immer wieder im Leben begegnet, trägt die Kraft dieses kleinen Kindes, welches in Euch ist.

Dieses kleine Kind will nicht geheilt werden, es will nur immer wieder beachtet werden. Das kleine Kind in Euch ist vollkommen, nur Ihr habt diese Vollkommenheit vergessen. Keiner kennt die Freuden so gut wie das kleine Kind in Euch.

Depressionen, Unbeschwertheit, Traurigkeit gehören zum großen Kind, welches schon mehrere Erfahrungen im jetzigen Leben hinter sich hat. Tag für Tag hat sich die Seele mit freudigen wie auch mit schmerzlichen Erfahrungen auseinandergesetzt. Die Unschuld geht durch die Dunkelheit verloren, was bleibt sind Erinnerungen an unschöne Momente.

Erinnerungen sind wichtig, sie machen Euch zu dem, was Ihr seid. Sie sollten Euch aber nicht hindern, nach vorne zu gehen.

Genau diese Erinnerungen könnt Ihr mit dem kleinen Kind heilen. Es wird Euch zu dem Zeitpunkt führen, als Eure Erfahrungen stattgefunden haben. Das Unterbewusstsein von Euch Menschen ist oft zugeschüttet. Ihr habt den Drang, vor schmerzhaften Erfahrungen davonzurennen. Den Schmerz auszuhalten ist nicht unbedingt die Tugend von Euch Menschen.

Im neuen Zeitalter habt Ihr verstanden, dass es wichtig ist, dem unbewussten Zustand der Seele Achtung zu schenken. Denn eines habt Ihr begriffen, egal wohin Ihr geht, egal wie weit Ihr geht, Eure Erfahrungen kommen mit. Sie sind tief in Euch gespeichert, ein Wegrennen lohnt sich nicht.

Indem Ihr eine Erfahrung in ihrer ganzen Essenz aushaltet, umso schneller kommt die Erkenntnis und führt Euch zur Heilung.

Das innere Kind ist tief mit Eurem Unterbewusstsein verbunden. Indem Ihr Eurem inneren Kind die Hand reicht, verbindet Ihr Euch automatisch mit Eurem Unterbewusstsein. Was Euch erwartet ist Wissen. Wissen über eine Situation, welche Euch ein Leben lang begleitet.

Aus dem Nichts erscheint ein Lachen, welches Ihr in Eurem Herzen spürt. Aus dem Nichts spürt Ihr die Unbeschwertheit des Himmels und was bleibt ist diese Vollkommenheit der Seele.

Auch wenn Euch im Leben Unschönes widerfährt, das Kind erfährt diese unschöne Situation nur, indem Ihr es mit negativen Gefühlen nährt. Diese Erfahrungen gehören aber nicht immer dem kleinen Kind, sondern der Seele, welche ihre Erfahrungen in diesem Moment erschaffen hat, um genau wieder zurückzukehren in diese unbeschwerte Kindheit.

Hört zu:
Das innere Kind in Euch ist rein und voller Liebe. Es kann nur erkranken, wenn Ihr es ignoriert und Eurem Alltag mehr Beachtung schenkt.

Für die Seele ist es notwendig, Erfahrungen auf ihrem Weg zu machen, doch das unschuldige Dasein, die Reinheit eines Kindes wird es nie verlieren. So verbindet Euch mit dieser Reinheit, lacht, seid fröhlich. Beobachtet Kinder, wenn sie spielen und holt Euch die Unbeschwertheit des Himmels in Eure Herzen zurück.

Dies ist Euer Geburtsrecht, kindlich und voller Freude Euren Lebensweg zu beschreiten.

Diesem kleinen Kind in Euch schenke ich mein Licht. Ich bewahre in Euch die Reinheit der Seele.

Erzengel Gabriel

Zusammenleben in der Beziehung und in der Familie

Fragen an Erzengel Gabriel:
- Wie können wir in der Beziehung und in der Familie ein harmonisches Miteinander ausleben?
- Wie können Mann und Frau im Einklang sein?
- Wie kann eine Familie zusammenwachsen?

Erzengel Gabriel:
Die Liebe hält eine Beziehung zusammen, die Liebe lässt eine Familie zusammenwachsen. Die Toleranz, welche die Liebe mit sich bringt, trägt dazu bei, dass man in einer Familie immer zusammen hält. In guten wie in schlechten Zeiten.

Als Seele kommt Ihr alleine auf diese Welt, Ihr verlasst die Erde auch wieder allein. In dieser Zeit ist die Familie wie ein emotionaler Anker. Ihr verliert das Gefühl, alleine zu sein. Das Gefühl alleine zu sein, herrscht nur in Euren Köpfen. Ihr seid nie alleine, Ihr seid nie getrennt von Gott.

Eine Familie muss nicht unbedingt durch Blutsverwandtschaft besiegelt sein. Nein, es geht mehr um die Entscheidung, die getroffen worden ist, diesen einen Weg zusammenzugehen. Wie lange ein Weg andauert ist der Seele selbst überlassen. Doch die Entscheidung bringt die Verantwortung gegenüber den Mitmenschen mit sich. Ob es sich um eine Partnerschaft handelt oder ein Kind, dem man das Leben geschenkt hat, die Seele verpflichtet sich durch diese Verantwortung den Weg der Liebe einzuschlagen.

Die Aufgaben der Mutter sind die Fürsorge, die Liebe, die Geduld, das Mitgefühl und die Aufgabe, als Wegweiser zu dienen. Die Aufgaben des Vaters sind für die Familie zu sorgen und die Existenz zu sichern. Ein Mann oder Vater ist die Festung in der Familie, er wird sein Königreich, also seine Familie, beschützen, hüten und ihr mit Rat und Tat zur Seite stehen.

Dies zu bewältigen ist nicht immer einfach. Es braucht viel Hingabe und Liebe, für eine Familie da zu sein. In schlechten Zeiten wird sich die Sippe zusammenraffen und kämpfen, bis bessere Zeiten kommen. Diese Seelenverträge wollen gelebt werden.

Doch manchmal überkommt Euch das Ego, Ihr seid erschöpft und ausgelaugt. Undankbarkeit und Unzufriedenheit zeichnen den Alltag ab. In diesen Augenblicken des Lebens sollte man sich an die schönen Dinge erinnern. Diese Augenblicke der Erschöpfung sind Momentzustände, wie sie kommen, so gehen sie auch wieder. Indem Ihr sie festhaltet, gehen sie nicht vorbei. Sie ziehen die nächsten schlechten Dinge an, die Euch erschöpfen.

Ich, Gabriel, bin der Engel der Hoffnung und der Zukunft. Ich kann Euch nicht genug sagen, wie wichtig es ist, den Blick nach vorne zu richten. Der Gegenwart nicht immer zu viel Gewicht geben und die Vergangenheit nicht zu beweinen.

Hört auf Euer Gefühl. Wenn Ihr spürt, die Gegenwart ist nicht mehr stimmig in Euren Herzen, dann solltet Ihr etwas ändern. Familie heißt nicht immer, sich aufzugeben. Auch Beziehungen können irgendwann einmal zu Ende gehen. Wenn die Liebe für diesen Menschen nicht mehr ausreicht, dann ist der gemeinsame Weg zu Ende.

Denn nur die Liebe wird sich im Horizont widerspiegeln. Nur die Liebe ist der Hoffnungsträger für die Zukunft. Doch ist in der gegenwärtigen Zeit keine Liebe mehr, dann gibt es keine Zukunft.

Wir Engel verurteilen Trennungen und Scheidungen nicht. Dies hat die Menschheit sich selbst zurechtgelegt. Alles dient dem einen Weg der Seele. Welchen Weg die Seele geht, unterliegt dem freien Willen.

Die Seelen haben untereinander Seelenverträge, diese unterliegen der karmischen Ordnung. Sind diese Verträge erfüllt, ist man frei zu wählen, welchen Weg man gehen will.

Doch möchte ich Euch sagen, wenn Ihr Euch für den einen Weg der Liebe entscheidet, dann bleibt diesem treu. Lasst Euch nicht von alltäglichen Dingen aus der Ruhe bringen. Fangt nicht an, Situationen zu hinterfragen, die es gar nicht zu hinterfragen gibt.

Denn die Liebe kennt kein vielleicht. Die Liebe gibt alles, ohne wenn und aber.

In einer Familie gilt es, tolerant gegenüber den anderen Familienmitgliedern zu sein. Im engen Zusammenleben lernt ein Mensch, Rücksicht auf den anderen zu nehmen. Ihr habt in einer Sippe das Potenzial, über Euch hinaus zu wachsen.

In der Stille ist die Essenz des Lebens.

In einer Familie werdet Ihr immer wieder aus der Ruhe und aus der Mitte rausgeworfen. Zu viele Einflüsse von außen treten an Euch heran, genau diese müsst Ihr lernen zu filtern.

Kinder zu erziehen ist nicht einfach. Einflüsse von außen können sie negativ beeinflussen. Doch weiß ein Kind um die Werte in der Familie, wenn man ihnen das von klein auf beibringt. Es wird sich immer wieder besinnen, was wirklich wichtig ist.

In einer Familie ist man Schüler wie Lehrer. Das gleiche gilt in einer Partnerschaft. In keiner zwischenmenschlichen Beziehung kann man so viel lernen wie in einer Partnerschaft. Keiner wird einem so schmerzhaft den Spiegel hinhalten wie der eigene Partner.

Fangt an, über Euch hinauszuwachsen. Fangt an, Euer Gegenüber als Lehrer anzunehmen. Denn diese Resonanz an Liebe ist das größte Wachstum für eine Seele.

Allein durchs Leben zu gehen wird Euch vor vielen unschönen Beziehungsproblemen schützen.

Doch werdet Ihr nie das vielfältige Gesicht der Liebe kennenlernen.

Die schönen und glücklichen Zeiten werden immer sehr schnell vergessen, doch die unschönen Dinge speichert Ihr fest in Eurem Bewusstsein.

Hört zu:

- Richtet den Blick nach vorne in die Zukunft.
- Steht zu Euren Entscheidungen, wenn sie durch die Liebe gekennzeichnet sind.
- Vermittelt die Werte der innerlichen göttlichen Essenz.
- Begleitet Eure Kinder mit Liebe und Mitgefühl durchs Leben.
- Seid großzügig gegenüber Euch und die Euren.
- Seid Euch bewusst, dass jede Seele ihren eigenen persönlichen Lebensplan verfolgt.
- Richtig ist, was das höhere Selbst in Euch widerspiegelt.
- Eine Familie zu haben, ist ein Geschenk im eigenen persönlichen Lebensplan.
- Im Geiste zu wissen, dass Ihr Euch auf die Menschen verlassen könnt, die Ihr liebt, verhilft Euch mit Kraft und Stärke durchs Leben zu gehen.

All dies kann Euch helfen, immer wieder den richtigen Weg zu wählen. Der Verstand wird Euch Dinge aufzählen, die richtig scheinen, doch das Herz wird Euch den wahren, richtigen Weg zeigen. Denn das Herz kennt das vielfältige Gesicht der Liebe.

Erzengel Gabriel

Den Blick nach vorne gerichtet

Fragen an Erzengel Gabriel:

- Was, wenn der Blick nach vorne durch die Erinnerung an gestern getrübt ist?
- Was ist, wenn wir die Vergangenheit nicht ruhen lassen können?

- Was ist, wenn uns Bilder und Gedanken so in Beschlag nehmen, dass wir in der Dunkelheit sitzen und es für uns die Zukunft in diesem Moment nicht gibt?

Erzengel Gabriel:
Als Hoffnungsträger hülle ich die Erde in die Energie der Liebe und der Zuversicht ein. Was wäre der Mensch ohne Hoffnung? Was wäre der Mensch ohne die Gewissheit eines grandiosen Schöpfers?

Diese Gewissheit ist der göttliche Funke in Euch, der Euch immer wieder sagt, es gibt nicht nur diesen einen Moment des Schmerzes, der Trauer oder der Freude. Gefühle und Emotionen sind vergänglich.

Kein Gefühl wird über längere Zeit überleben, wenn man es nicht nährt. Wir Engel sind Boten Gottes, wir wurden gesandt, um Euch zu helfen. Wir helfen in allem, was der Mensch in seinem Leben braucht.

Doch möchte ich den Menschen eine Botschaft übergeben. Viele der Seelen wissen um diese Gunst der Hilfe. Doch seid Ihr so in Emotionen und Gefühlen verstrickt, dass Ihr die Hilfe nicht annehmt.

Somit sage ich Euch, macht Platz, geht auf die Seite, wir erledigen alles, was der Seele auf ihrer Reise dient.

Doch der freie Wille ist nicht zu unterschätzen. Ihr nehmt den Begriff *„freier Wille“* nicht tief in Euer Bewusstsein auf. Wir aus den geistlichen lichtvollen Sphären können nicht helfen, wenn Ihr es nicht zulasst.

Wir dürfen und können nicht eingreifen, dadurch würden wir die göttliche Ordnung verletzen. Wir unterliegen den universellen Gesetzen. Dies zu verstehen braucht eine tiefe Erkenntnis.

Alles was Eurem Weg dient, ist bereits vorhanden. Somit könnt Ihr aufatmen und die Gegenwart genießen. Denn nichts und niemand kann Euch

Eure Erfahrungen auf Erden wegnehmen. Denn dies gebührt jeder Seele, die sich ihre Reise auf Erden vor der Wiedergeburt zurechtgelegt hat.

Dies verlangt viel Vertrauen im Leben und in die geistliche Welt. Die Menschen leben gestresst und hetzen von einem Ort zum anderen. Sie wollen alles erleben, was sie meinen erleben zu müssen.

Die größte Kraft im Leben befindet sich im Hier und Jetzt. Durch diese Kraft könnt Ihr Großartiges manifestieren. In dieser Achtsamkeit zeigt sich alles, was die Seele braucht.

In der Vergangenheit zu weilen, trübt die Gedanken an heute und verdunkelt die Sicht nach vorne.

Gelebte Gefühle sollen hinterfragt werden, ob sie noch zeitgemäß sind, dass man sie in der Gegenwart nährt. An Dingen festzuhalten ist eine menschliche Schwäche. Der Baum lässt im Herbst seine Blätter fallen, weil er die Energie braucht, den Winter zu überleben. Doch hat er die Gewissheit und das Vertrauen zum Ursprung, dass die Blätter im Frühling wiederkommen und er als Ganzes erneut erblüht.

Alles auf Erden ist vergänglich. Auch die Gefühle und Emotionen sind vergänglich. Alles ist dem Wandel unterstellt.

Eine junge Liebe wird im Alter reifen. Wieso weinen so viele Menschen einer alten Liebe nach? Wieso denken viele in der Partnerschaft, dass die Liebe in der Anfangszeit schöner und intensiver gelebt wurde? So ist es nicht, die Liebe wandelt sich. Eine reife Liebe wird man in den Augen beider Partner sehen, die eine Reise zusammen gemacht haben. Denn diese Liebe hat viele Stürme erlebt, diese Liebe weiß um die Vielfalt der Farben im Leben. Diese Liebe weiß, dass alles vergänglich ist. Doch dieser eine Blick zum Gegenüber, der diese Reise miterlebt hat, dieser eine Blick ist tief mit der Seelenessenz verbunden.

Alte Menschen, die ein Leben miteinander verbracht haben, wissen um diese Weisheit. Die alten Menschen wissen um die Gunst und die Kraft der Gegenwart. Sie wissen, dass die Vergangenheit liebevoll verabschiedet werden kann und die Zukunft immer eine Möglichkeit an wundervoller, lichtvoller Erfahrung sein kann.

Dies ist die Hoffnung von der ich spreche. Die Hoffnung schenkt den Menschen die Energie weiterzugehen und dem Versprechen des gelobten Paradieses näher zu kommen.

Lasst es nicht zu, dass negative Energien aus der Vergangenheit die Gegenwart verdunkeln. Denn auch in der Gegenwart ist Licht, Ihr müsst es nur finden. Selbst in der Gegenwart findet die Seelenreise statt. Die Vergangenheit könnt Ihr Euch zunutze machen, indem Ihr die Erkenntnisse der Vergangenheit in die Gegenwart integriert, dies kommt wiederum der Zukunft zugute.

Erfahrungen werden gemacht, doch solltet Ihr den Zeitpunkt erkennen, wenn es Zeit ist loszulassen. Haltet nicht an Erfahrungen fest, die Euch in der Gegenwart nicht mehr von Nutzen sind. Segnet die Erkenntnis daraus.

Den Blick nach vorne gerichtet, erheitert den Geist. Denn der Geist wird erfüllt von neuer Hoffnung und Stärke. Diese Energie birgt ein Segen. Dies ermöglicht Euch, an Wunder auf Erden zu glauben und den Glauben an den Schöpfer zu stärken.

Der Blick nach vorne ist auch mit dem Blick nach oben verbunden. Der Blick nach oben zeigt Euch den Weg nach Hause.

Ich schicke Euch Zeichen der Hoffnung, dies ist meine Liebe zu Euch Menschen.

Erzengel Gabriel

Zuversicht ist die Eigenschaft für eine glückliche Zukunft

Fragen an Erzengel Gabriel:
- Wie kann ich diese Eigenschaft leben?
- Wie kann man zuversichtlich bleiben, wenn die Gegenwart schmerzvoll ist?
- Wie kann ich voller Hoffnung bleiben, wenn die Erschöpfung und die Traurigkeit Einkehr hält?

Erzengel Gabriel:
Die Zuversicht ist wie ein schöner Frühlingsmorgen. Wenn die Vögel zwitschern, die Sonne scheint und die Natur in ihrer Schönheit erblüht. Zuversicht ist der Neubeginn der Hoffnung.

In jedem Moment Eures Lebens solltet Ihr dieses Gefühl neu erleben. So schwer sich das Herz anfühlt, so sehr trachtet es nach neuer Hoffnung.

Ohne Hoffnung gebe es die Menschheit nicht. Die Hoffnung stirbt immer zuletzt. In der Zuversicht erlangt Ihr die Kraft, nach vorne zu blicken und einen Lichtblick in der Zukunft zu sehen. Dieser Lichtblick ist das Licht Gottes, welches Euch den Weg ins Paradies zeigt.

Lasst Euch nicht von gegenwärtigen Schwierigkeiten beirren. Folgt dem Weg und schenkt Euch selber die Zuversicht, dass die Zukunft ein Ort der Freude sein kann.

Ein Tag mit schmerzlichen Erfahrungen geht irgendwann auch vorbei. Der größte Sturm lässt auch in Eurem Leben irgendwann mal nach. Der Morgen zeigt sich wieder in neuen Farben. Die Erinnerungen an gestern sind nur noch Gedanken, denen man keine große Bedeutung schenken sollte. Denn das Leben findet im neuen gegenwärtigen Tag statt.

Das Leben der Menschen ist voll von solchen schwarzen Tagen. Nehmt diese Tage in Dankbarkeit an. Erkennt den Segen darin. Doch lasst die Tage in der Vergangenheit schwinden und richtet den Blick in die Zukunft. Haltet den Schmerz nicht fest, lasst den Schmerz vorbeigehen und erlöst Euch aus dem Drang, in selbstquälerischen Gedanken zu verharren.

Ein Geist kann immer vollgegenwärtig sein. Wie ein Gedanke im Geiste entsteht, entsteht auch ein Schmerz im Herzen. So wie der Gedanke Platz macht für einen neuen Gedanken, macht der Schmerz im Herzen auch wieder Platz für neue Gefühle.

Nährt Euren Geist mit Licht und Liebe, damit sich die Zukunft in farbenprächtiger Zuversicht zeigen kann.

Haltet nicht an pessimistischen Grundenergien fest. Indem Ihr diese dunklen Gedanken in Eurem Geiste nährt, kann sich die Zukunft nicht farbenprächtig entfalten.

Jedes noch so schöne Gefühl wird sich im Horizont widerspiegeln. Die Zukunft wird sich in Eurer Seele widerspiegeln. Ihr manifestiert somit die Zukunft. Haltet Eure Herzen immer offen für das Licht der Zuversicht. Nährt Euren Geist mit Licht und Liebe.

Die erfüllte Zukunft zeigt sich in der gegenwärtigen Botschaft des Herzens. Wie sich das Herz jetzt fühlt, welche Gedanken sich im Herzen widerspiegeln, so wird Eure Zukunft gestaltet. Sind es positive Gedanken der Liebe und sind es Gefühle der Zuversicht, wird die Zukunft ein Ort der Fülle sein.

Doch sind es negative Gedanken und dunkle Gefühle, wird sich die Zukunft in einen Ort des Grauens verwandeln.

Haltet Eure Herzen offen, verbindet Euch mit dem Vertrauen in die göttliche Schöpfung. Nichts, was Euch im Leben widerfährt, kann Euch in die Knie zwingen.

Haltet Euren Geist immer im Einklang mit positiven Gedanken der Liebe und des Mitgefühls. Haltet

Euer Haupt aufrecht, segnet Eure Zukunft und möge der morgige Tag voller guter Hoffnung sein. Die Fülle des Lebens ist in Euch, *Ihr* seid die Fülle im Leben.

Erzengel Gabriel

Gebet mit Erzengel Gabriel

Lieber Erzengel Gabriel,

dein Licht umgibt mich und schenkt mir Kraft und Zuversicht für die Zukunft. Hilf mir, meine Gedanken positiv und lichtvoll zu halten. Schenke mir die Eigenschaft einer liebenden Mutter und die Kraft der Mutter Erde.

Ich übergebe mich in Deine lichtvolle Energie.

Amen.

Affirmation
Ich richte meinen Blick voller Liebe und Zuversicht in die Zukunft.

Anhang

Ein sanfter Gruß aus dem Himmel

Sanfte Engelsflügel umhüllen liebevoll die Erde. Die Erzengel schließen sich zu einem Kreis und schenken der Erde und der Menschheit Liebe, Licht, Zuversicht, Demut, Großzügigkeit, Bescheidenheit, Mitgefühl, Mut und Kraft.

Metatron
Die Chroniken sagen, das Gelernte wird nie vergessen werden. Denn durch die Liebe schenke ich den Menschen die Gewissheit, dass jede Seele die große Weisheit des Lichts in sich trägt. Die Erde braucht dieses Licht. Zu lange haben die Seelen gewartet, die Weisheit der Schöpfung in sich aufnehmen zu dürfen. Die Zeit ist reif, das Erlernte umzusetzen.

Michael
Nichts soll die Menschen hindern, Erkenntnisse in Licht umzuwandeln. Das Vergangene ist Vergangenheit und nimmt keinen Einfluss im Jetzt. Der Schutz der Himmels ist den Seelen gegeben. Das blaue Gewand des Schutzes umhüllt die Menschheit klar wie der Morgenstern.

Uriel
Ich bin gebunden an das Versprechen, die Menschen zurück zu geleiten in das Licht Gottes. Das Leben soll in absoluter Hingabe gelebt und gefeiert werden. Leidenschaftlich und voller Liebe widerspiegeln sich die seelischen Energien im Herzen wieder. Dies ist der wahre Weg, der richtige Weg, der versprochene Weg.

Raphael
Unermüdlich aktiviere ich die Energie der Heilkräfte in die Menschen. Die Heilung der Menschen ist in guten Händen, denn ich vertraue ihnen das göttliche Licht der Heilung an. Denn würdig ist der, welcher die Liebe der Schöpfung in seinem Herzen trägt. Diese Liebe ist alles was zählt, um das Leben auf Erden ein Stück weit zu heilen.

Haniel
Meine Liebe bewegt die Seelen auf ihrem Weg. Es ist das Urrecht der Seele, geliebt zu werden. Indem Ihr Menschen das Herz öffnet, schenke ich der Seele den Himmel auf Erden. Ich gewähre ihnen Einblick in den Himmel und der Schleier des Vergessens schwindet langsam.

Sandolphon
Ich verstehe die Ängste und Sorgen der Menschen. Denn auch ich war Mensch und in der Vergessenheit gebunden. Ich höre die Stimmen der Menschen, ich höre ihre Gebete und ich bringe sie in die göttlichen Sphären.

Gabriel
Ich bringe den Menschen Hoffnung für die Zukunft. Wenn der Regenbogen sich am Himmel zeigt, schenke ich der Erde das Licht der Hoffnung. Dies ist mein Versprechen an die Menschheit. Denn die Zukunft zeigt sich in den schönsten Farben des Himmels.

Schlusswort

Der Himmel ist unter uns. Jeder von uns ist würdig, die Liebe Gottes in sich aufzunehmen.

Wir wachsen und entfalten uns, indem wir unsere Lebensaufgabe erfüllen. Wir müssen uns dieser Aufgabe nicht immer bewusst sein, denn das Leben an sich birgt schon eine große Aufgabe.

Wenn wir offen sind für Erkenntnisse, kommen wir immer näher an unsere eigentliche Bestimmung.

Jeder Seele, welche sich auf den Weg macht, die Seelenwanderung fortzusetzen, gebührt großen Respekt. Es braucht Mut und seelische Stärke, das Leben als Mensch auf sich zu nehmen.

Die Erzengel raten uns, immer gen Himmel zu blicken und zu vertrauen, dass wir Menschen nicht alleine sind. Wir alle sind würdig, das Licht Gottes in uns aufzunehmen.

Die Engel sind umgeben von der universellen Liebe, sie sind Träger und Boten des göttlichen Lichtes. Nichts ist ihnen so wichtig, als uns Menschen zurück nach Hause zu bringen.

In der jetzigen Zeitqualität wirken die Himmelsboten unermüdlich. Sie schenken den Menschen Botschaften der Liebe und der Zuversicht. Die Erde ist im Wandel, die Menschheit ist im Wandel. In diesem neuen Bewusstsein haben wir Menschen die Chance, die Energien auf der Erde zu erhöhen.

Wir Menschen haben so lange auf diesen Moment gewartet. Auch wenn wir es uns nicht bewusst sind, die Seele weiß um diese Möglichkeit, Gottes Licht auf Erden erleuchten zu lassen. Es ist Zeit aufzuwachen und die wahre Schönheit der Schöpfung in sich aufzunehmen.

Denn der Himmel ist unter uns.

Danksagung

So viele liebevolle Wesen haben mir geholfen, dieses Werk zu vollenden. Ich werde wohl nie die richtigen Worte finden, um diese Dankbarkeit zu beschreiben.

Sie haben mich inspiriert und mir die Hoffnung geschenkt, weiterzumachen. Sie haben mir einen Einblick in den Himmel ermöglicht. Dies trage ich in meinem Herzen mit einer tiefen demütigen Liebe zum Himmel. Für dieses Vertrauen bin ich diesen schönen Lichtwesen zutiefst dankbar.

Mein größter irdischer Dank geht an meinen Mann. Er hat nie daran gezweifelt, dass die Worte des Himmels veröffentlicht werden. Seine Liebe und seine aufmunternden Worte haben mir geholfen, weiter zu gehen auf meinem Weg. Liebevoll hat er mir geholfen, die Erzengel immer wieder einzuladen und den Worten zu lauschen.

Viele Segenswünsche an alle, die mir geholfen haben dieses Buch in eine Form zu bringen.

Ursina Würmli, die mir durch ihre Farbe der Engel, meinem Buch Seelentaufe eine inspirierende, liebevolle und lichtvolle Form gegeben hat.

DANKE!

Zur Person

Doris Fuentes ist in den Schweizer Bergen geboren und aufgewachsen. Ihre spanischen Wurzeln führten sie schon als Kind in ein altes geistiges Wissen zurück. Durch ihre Ahnen lernte sie, dass alternative Heilmethoden tief mit dem göttlichen Glauben verbunden sind.

Als Kind vernahm sie die Engel um sich und lernte durch die Hingabe an den Himmel, wie wir Menschen Heilung erfahren können. Dieses überlieferte Wissen aus der geistlichen Welt schenkt sie den Menschen in Ihrer Arbeit.

Das Wichtigste, was sie im Laufe dieser Zeit gelernt hat ist: *„Verstehen bedeutet Heilung"*.

Sie arbeitet als Seminarleiterin und Beraterin in Rottweil. In ihren Seminaren gibt sie den Menschen die spirituellen Gesetze, verbunden mit uralter Weisheit, weiter.